中国能源经济
数字图解 2012-2013
China's Energy Economy: An Illustrated Guide

主编 / 魏一鸣 张跃军

科学出版社

北 京

内 容 简 介

本书主要阐释中国能源经济系统的复杂特征和运行规律，介绍中国能源经济发展的基本情况和典型事实，向读者普及中国能源经济改革的主要动向和未来目标。本书基于基础数据和图表，以问答的方式，从时间演变趋势、空间分布、国际比较等视角，展现中国能源经济的主要状况和运行规律，包括能源储量与生产、能源消费、能源市场、能源与环境、能源安全等，希望引起不同层次的读者关注中国能源经济问题，了解中国能源经济发展的基本状况。

图书在版编目(CIP)数据

中国能源经济数字图解2012-2013/魏一鸣，张跃军主编. —北京：科学出版社，2013.9
ISBN 978-7-03-038278-8

I.中… II.①魏… ②张… III.能源经济-研究-中国 IV.F426.2

中国版本图书馆 CIP 数据核字(2013)第181087号

责任编辑：王 红 任 玲/责任校对：彭 涛
责任印制：赵德静/封面设计：黄华斌 张婉琪

科学出版社 出版
北京东黄城根北街16号
邮政编码：100717
http://www.sciencep.com
中国科学院印刷厂 印刷
科学出版社发行 各地新华书店经销
*
2013年9月第 一 版 开本：787×1092 1/16
2013年9月第一次印刷 印张：7 3/4
字数：186 000

定价：128.00元
(如有印装质量问题，我社负责调换)

作者简介

魏一鸣，工学博士（1996），教育部"长江学者奖励计划"特聘教授，国家杰出青年科学基金获得者。现任北京理工大学管理与经济学院院长，北京理工大学能源与环境政策研究中心主任。

魏一鸣教授兼任中国优选法统筹法与经济数学研究会副理事长，能源经济与管理研究分会理事长、复杂系统研究分会理事长，中国能源研究会能源系统工程专业委员会副主任等；以及*Applied Energy*等12份国际学术期刊的副主编或编委和10份中文学术期刊的主编或编委。曾任中国科学院科技政策与管理科学研究所副所长，日本先端科技大学、美国哈佛大学访问学者。

魏一鸣教授及其团队在能源经济系统建模、能源与环境政策等领域开展了有创新的研究工作。目前已主持国家973课题，国家科技支撑计划项目，国家杰出青年科学基金项目、重大国际合作项目、重点项目以及欧盟FP7国际合作项目等40余项。

已在国内外学术期刊发表论文200余篇，其中在本领域国际一流期刊*Energy Economics*, *Energy Policy*, *Ecological Economics*等发表SCI/SSCI论文70余篇；出版著作15部。论文被同行引用超过5 000次，单篇最高被引495次。向中央和国务院提交了多份政策咨询报告并得到重视。研究成果获教育部科技进步一等奖1项、北京市哲学社会科学一等奖1项，以及其他省部级科学技术或自然科学奖4项。

张跃军，湖南安仁人，现为北京理工大学管理与经济学院副教授，国家优秀青年基金获得者。2009年博士毕业于中国科学院科技政策与管理科学研究所，管理科学与工程专业。兼任中国优选法统筹法与经济数学研究会能源经济与管理研究分会常务理事，北京理工大学能源与环境政策研究中心"能源市场与碳市场研究室"主任，*Energy Economics*, *Energy Policy*, *Applied Energy*等13份国际知名学术期刊的审稿专家等。新加坡国立大学能源研究所（ESI）访问学者。

主要从事能源经济复杂系统建模、石油金融、碳金融等领域的研究，现已主持国家自然科学基金项目（优秀青年项目、面上项目和青年项目各1项）、教育部博士点基金项目、教育部人文社科基金项目等10余项；并参与国家973课题、国家科技支撑计划项目、国家自然基金委重大国际合作项目和重点项目等20余项。

目前，已在国内外重要学术期刊发表论文30余篇，其中在*Energy Economics*, *Energy Policy*, *Applied Energy*等国际一流学术期刊发表SCI/SSCI论文10余篇，单篇最高被引60余次；主编或参与完成专著9部；主笔或参与撰写9份政策报告，部分报告得到国家领导人重视。

张跃军曾获国家自然基金委优秀青年基金、中国科学院优秀博士毕业生、宝钢奖学金、中国科学院刘永龄特别奖等荣誉，并入选北京市中青年社科理论人才"百人工程"、北京市优秀人才培养资助计划、北京理工大学优秀青年教师资助计划。

前　言

　　当前，全球气候变化、国际金融危机、欧洲主权债务危机、地缘政治等因素对国际能源形势正在产生深刻影响，能源经济发展呈现新的阶段性特征，国际能源市场的不稳定性、不确定性将进一步增加。

　　中国经过改革开放30多年来持续快速发展，目前已经成为全球最大的能源生产国、消费国，以及最大的二氧化碳排放国，是国际能源格局的重要组成部分。然而，中国能源经济发展情况复杂，面临诸多挑战，能源发展的长期矛盾和短期问题相互交织，国内因素与国际因素互相影响，资源和环境约束进一步加剧，节能减排形势依然严峻，能源资源对外依存度快速攀升，中国能源经济面临着控总量、调结构、保安全的严峻形势。

　　为了向国内外读者阐释中国能源经济系统的复杂特征和运行规律，介绍中国能源经济发展的基本情况和典型事实，普及中国能源经济改革的主要动向和未来目标，科学出版社邀请我们组织编写一本以"数字"为主线的中国能源经济普及图书，力图以通俗易懂的方式向国内外读者介绍当前和未来一段时期中国能源经济的发展状况。事实上，将中国能源经济的学术研究专著以科普形式表达，对我们来讲是一种新的尝试，因此，我们感到完成这本"数字科普"读物极具挑战性。

　　中国在国际能源格局中扮演着不可或缺的重要角色，中国能源经济的重要性不容忽视，国内外读者也对中国能源经济的发展状况和未来走向有所期待。从这个意义上讲，撰写"数字科普"读物，向更多的读者介绍中国能源经济的过去与现在，是一件很有意义的事情，也是我们很难推却的使命。因此，我们考虑再三，还是决定接受挑战，尝试按照科学出版社提出的要求，用数字图表的形式介绍近些年中国能源经济的主要状况和运行规律。

　　北京理工大学能源与环境政策研究中心一直坚持面向中国能源经济与应对气候变化领域的重大需求，针对能源与环境战略、气候政策中的关键科学问题开展研究，取得了一系列有意义的科研成果，在国内外形成了一定影响；目前已形成六个主要研究方向，即能源供应与消费、能源效率与节能、能源市场与碳市场、气候变化与环境变化、能源安全与预警、能源建模与系统开发；研究人员已在*Energy Economics, Energy Policy, Applied Energy, Energy*等国内外著名学术期刊发表论文300余篇，出版了《中国能源报告（2006）：战略与政策研究》、《中国能源报告（2008）：碳排放研究》、《中国能源报告（2010）：能源效率研究》、《中国能源报告（2012）：能源安全研究》等系列专著；发表的论著被引用次数超过6 000次，得到了联合国工业发展组织、联合国环境署、世界银行、亚洲开发银行等国际组织的关注；提交的多份政策咨询报告得到中国国家领导人重视。

上述出版物为本书的写作提供了重要基础和原始素材，但是本书与我们以往出版的其他学术著作风格迥异。本书基于基础数据和图表，以问答的方式，从时间演变趋势、空间分布、国际比较等视角，展现中国能源经济的主要状况和运行规律，包括能源储量与生产、能源消费、能源市场、能源与环境、能源安全等，希望引起国内外不同层次的更多读者关注中国能源经济问题，了解中国能源经济发展的基本状况。

参与撰写本书的作者主要有（按姓氏笔画排序）：于灏、王璐、王姿懿、刘萍、张璐、张跃军、赵伟东、韩融、魏一鸣。科学出版社的工作人员为本书的编辑出版付出了辛勤劳动，在此一并表示感谢。

由于时间仓促，知识修养有限，加之首次尝试以这种科普形式传播专业知识，我们深感力不从心，书中疏漏之处，恳请读者批评指正。

魏一鸣　张跃军

2013 年 5 月于北京中关村

CONTENTS
目 录

前言

第一章

中国能源发展的总体特征与形势

　　中国是一个人口众多、区域发展不平衡的发展中大国，目前已成为全球最大的能源生产国与消费国；而且由于正处在工业化、城镇化的快速发展期，中国未来的能源需求总量仍将快速增长。然而，中国国内资源储量愈来愈难以满足本国经济社会发展需要，能源资源特别是油气对外依存度持续攀升。

　　同时，中国已成为全球最大的二氧化碳排放国。控制温室气体排放，实现绿色低碳发展，是中国转变发展方式、破解资源环境瓶颈制约、提升国际竞争力的内在要求。

改革开放以来，特别是过去 10 年，中国经济平稳较快发展，能源消费量持续攀升，能源对外依存度特别是石油对外依存度不断走高，能源经济发展呈现出很多新特征，也吸引了更多人士的关注。

中国经济增长与能源消费呈现何种变化趋势？

2003~2012年中国国内生产总值及其增速

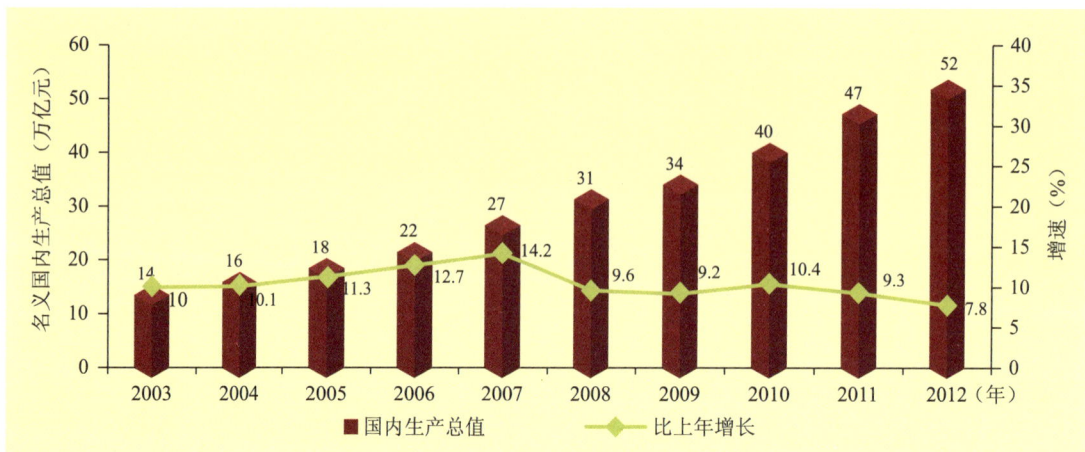

数据来源：《中国统计年鉴 2012》，国家统计局报告。

过去 10 年，中国国民经济持续较快发展。2003~2012 年，国内生产总值年均实际增长 9.4%，其中有 6 年实现了 10% 以上的增长速度，在受国际金融危机冲击最严重的 2009 年依然实现了 9.2% 的增速。中国经济总量占世界的份额由 2002 年的 4.4% 提高到 2011 年的 10% 左右，对世界经济增长的贡献率超过 20%。

2001~2012年中国能源消费变化

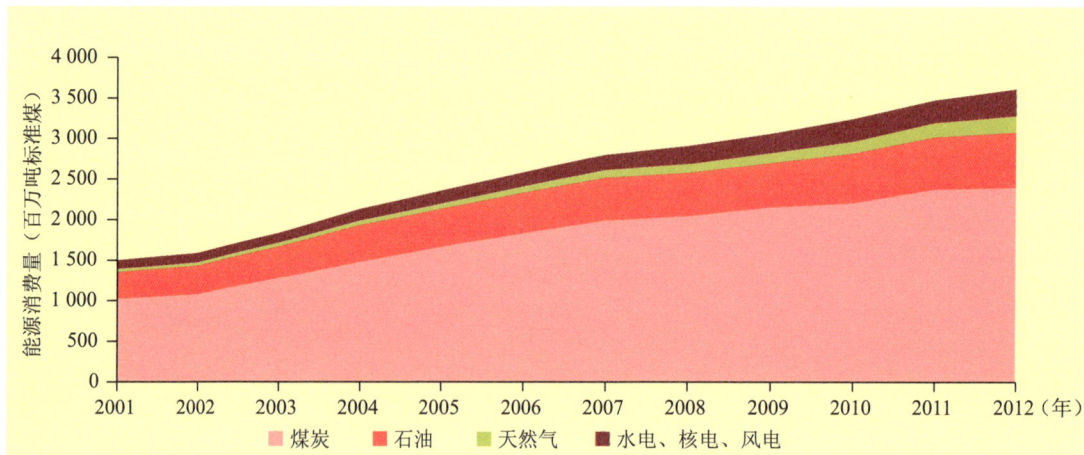

数据来源：作者根据《中国能源统计年鉴 2011》、《中国统计年鉴 2012》、国家发改委报告整理得到。

21 世纪以来，中国能源消费量持续攀升。2001~2005 年，随着一批新建电厂的投产和城镇化及基础设施建设的加快，中国能源消费量出现了飞跃，年均增速高达 13.0%，尤其是煤炭消费量出现跳跃式增长。2006~2012 年，中国实施节能减排政策，关停了一些小火电机组和小钢厂，能源消费量增速放缓，年均增速下降到 5.7%。但是，在粗放型发展模式彻底改变之前，中国能源消费量很难下滑，即使 2008 年全球金融危机也未能阻止中国能源消费量的进一步增长。

中国能源消费增速及弹性系数

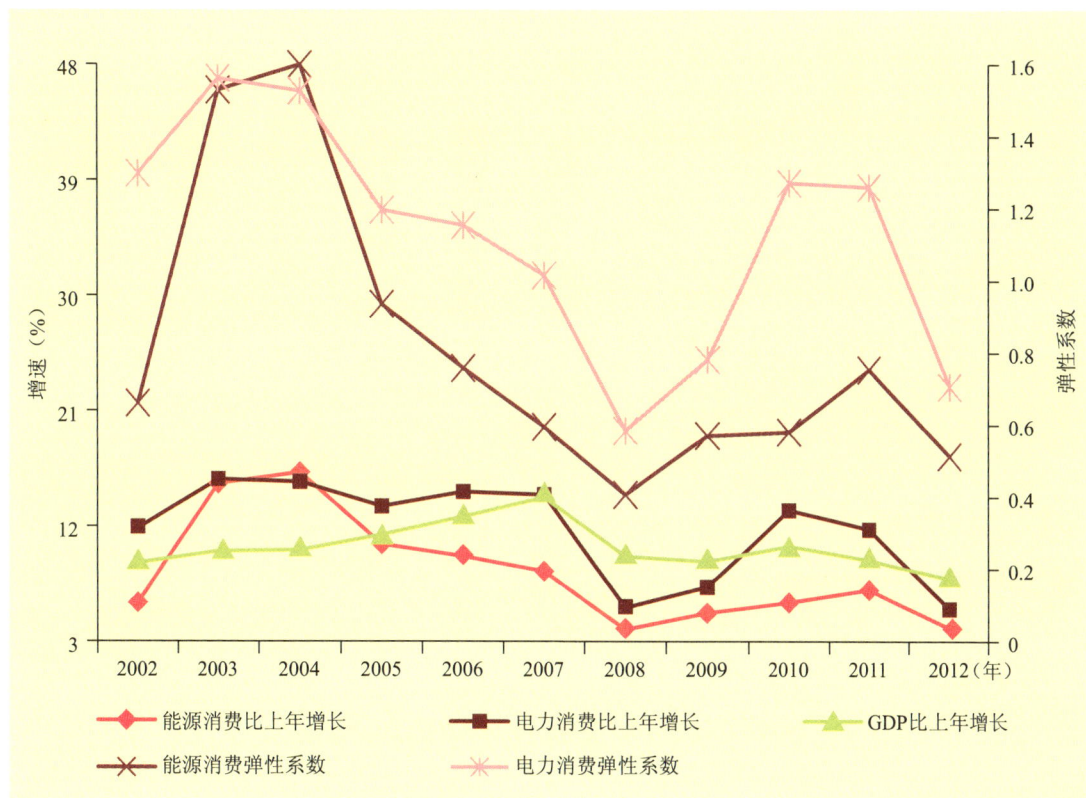

数据来源：根据《中国统计年鉴 2012》中的相关资料整理得到。

过去 10 年，建设资源节约型、环境友好型社会成为中国加快转变经济发展方式的重要着力点，能源消费弹性下滑显著。"十一五"期间，中国以年均增长 6.6% 的能源消费支撑了年均增长 11.2% 的国民经济，能源消费弹性系数由"十五"时期的 1.04 下降到 0.59，节约能源 6.3 亿吨标准煤。

2008 年，受经济增速放缓影响，中国能源需求增速减缓，仅比上年增加 3.9%，电力消费仅比上年增加 5.6%，两者均为 2002 年以来最低增速；能源消费弹性系数和电力消费弹性系数双双降至新低。随后，由于政府采取一揽子扩大内需的经济刺激政策，能源消费大幅增长。2010、2011 年，中国能源消费增速分别达到 6%、7%。2012 年，中国经济发展增速趋缓，能源消费增速略有下调，为 4%。

中国近些年节能降耗的成效如何？

2003~2012年单位国内生产总值能耗变动情况

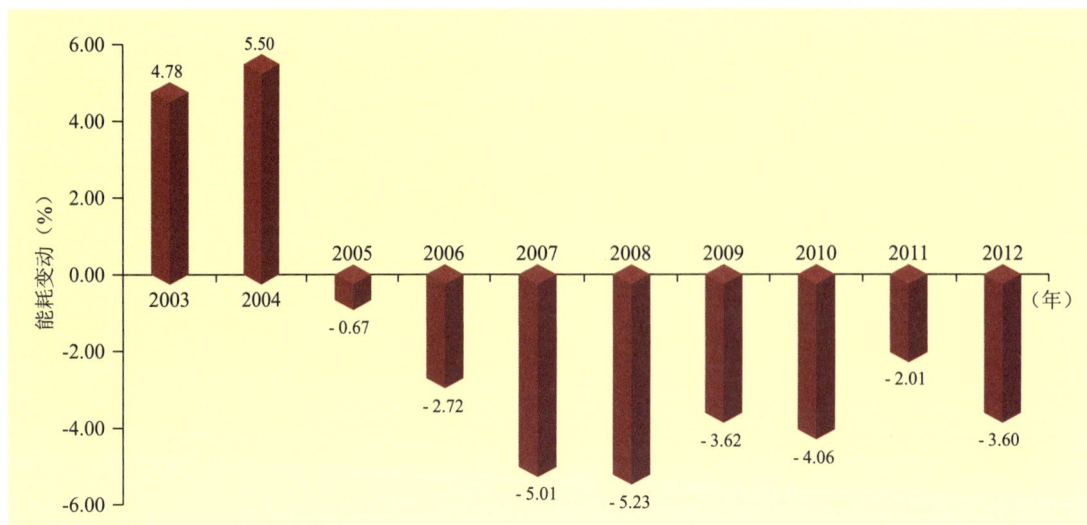

数据来源：根据《中国统计年鉴2012》、国家统计局报告等资料整理得到。

近些年中国节能工作取得重要进展，约束性任务基本完成。2011年中国单位国内生产总值能耗比2010年下降2.01%，比2002年下降12.9%；其中，"十一五"期间，中国单位国内生产总值的能源消费量持续下降，5年间能耗下降19.1%，基本实现了中央提出的能源强度下降20%的目标。2012年，单位国内生产总值能耗初步核算比上年下降3.6%，节能减排进一步取得明显进展。

2006~2011年中国单位综合能耗变动情况

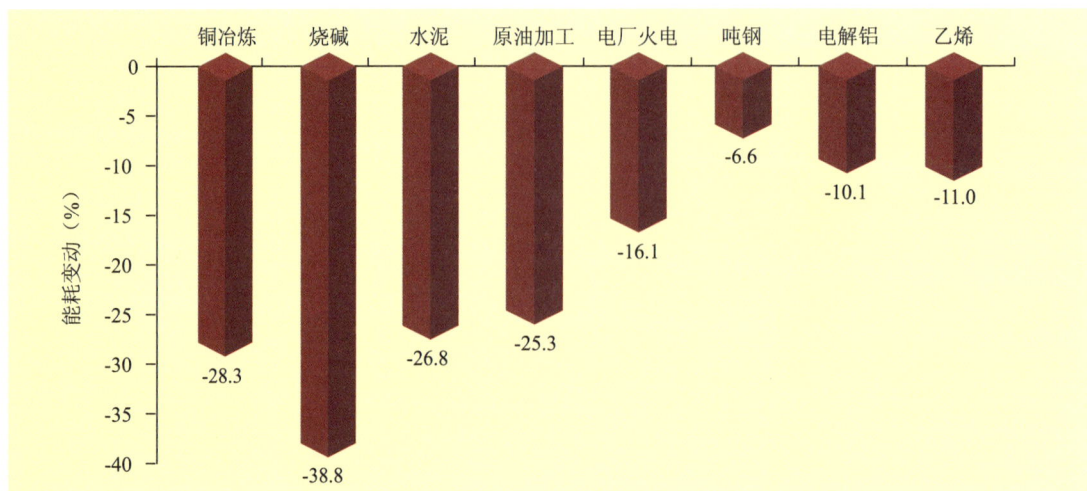

注：统计标准为年综合能耗万吨标准煤及以上企业。

数据来源：根据国家统计局有关报告整理得到。

中国单位产品综合能耗下降显著。与 2006 年相比，2011 年中国单位铜冶炼综合能耗下降 28.3%，烧碱生产综合能耗下降 38.8%，水泥综合能耗下降 26.8%，原油加工单位综合能耗下降 25.3%，电厂火力发电标准煤耗下降 16.1%，钢综合能耗下降 6.6%，电解铝综合能耗下降 10.1%，乙烯生产综合能耗下降 11.0%。

高耗能产品能耗水平国际比较

分类	单位	中国		国际先进水平
		2010 年	2011 年	2011 年
火电供电煤耗	gce/(kW·h)	333	329	276
钢可比能耗	kgce/t	681	675	610
电解铝交流电耗	(kW·h)/t	13 979	13 913	13 800
水泥综合能耗	kgce/t	143	138	118
乙烯综合能耗	kgce/t	950	895	629
化纤电耗	(kW·h)/t	967	951	900

注：中外产品综合能耗中的电耗按发电煤耗折算成标准煤；国际先进水平是世界领先水平的平均值，供电煤耗来自意大利，钢可比能耗、水泥综合能耗来自日本，乙烯综合能耗来自中东地区；中国钢可比能耗为大中型企业。

数据来源：王庆一，"中国节能的成效、挑战与机遇"，《中国能源》，2013（2）。

中国高耗能产品的能耗与国际先进水平的差距不断缩小。通过实施锅炉改造、电机节能、建筑节能、绿色照明等一系列节能改造工程，中国主要高耗能产品的综合能耗与国际先进水平差距不断缩小，新建的有色、建材、石化等重化工业项目能源利用效率基本达到世界先进水平。高耗能行业已经拥有一批达到世界先进水平的大型企业，如宝钢集团、神华集团、华能集团等。

2003~2011年中国高耗能行业投资增速

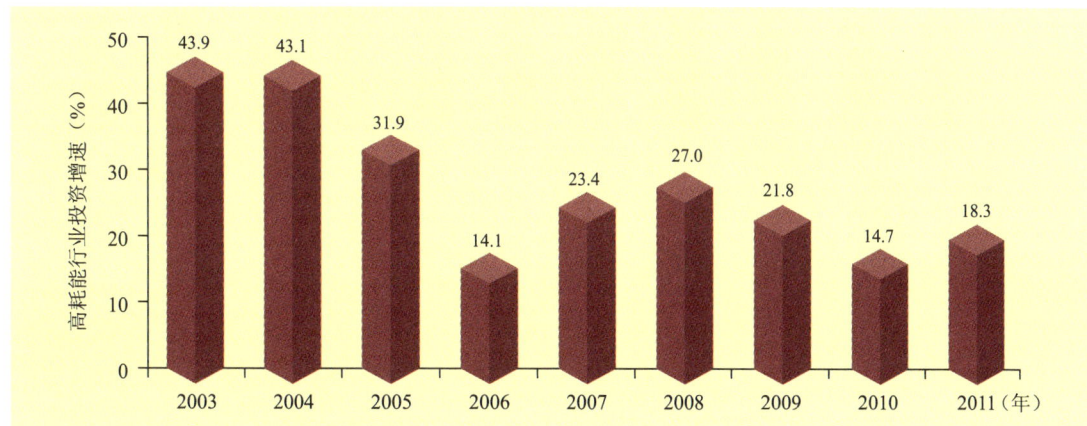

数据来源：根据国家统计局有关报告整理得到。

过去几年中国高耗能行业的发展得到抑制,部分落后产能被逐步淘汰,六大高耗能行业增长明显减缓。2005~2011年,规模以上工业中,六大高耗能行业工业增加值平均增长14.5%,低于规模以上工业增加值平均增速0.5个百分点。同时,近年来,中国高耗能行业投资过快增长得到有效遏制。2003~2005年高耗能行业投资增速分别高达43.9%、43.1%和31.9%,随后,在国家一系列调控政策的作用下,高耗能行业投资增速明显回落,2010、2011年分别仅为14.7%和18.3%。

中国近些年能源结构清洁化发展的状况和趋势如何?

2002年以来,中国的工业化进程明显加快,经济增速较高,高能耗部门比重增高,经济结构总体上朝能源密集型方向发展。新农村建设和居民消费结构升级也拉动了部分高能耗行业增长。

2002~2012年中国清洁能源消费量占全部能源消费量的比重

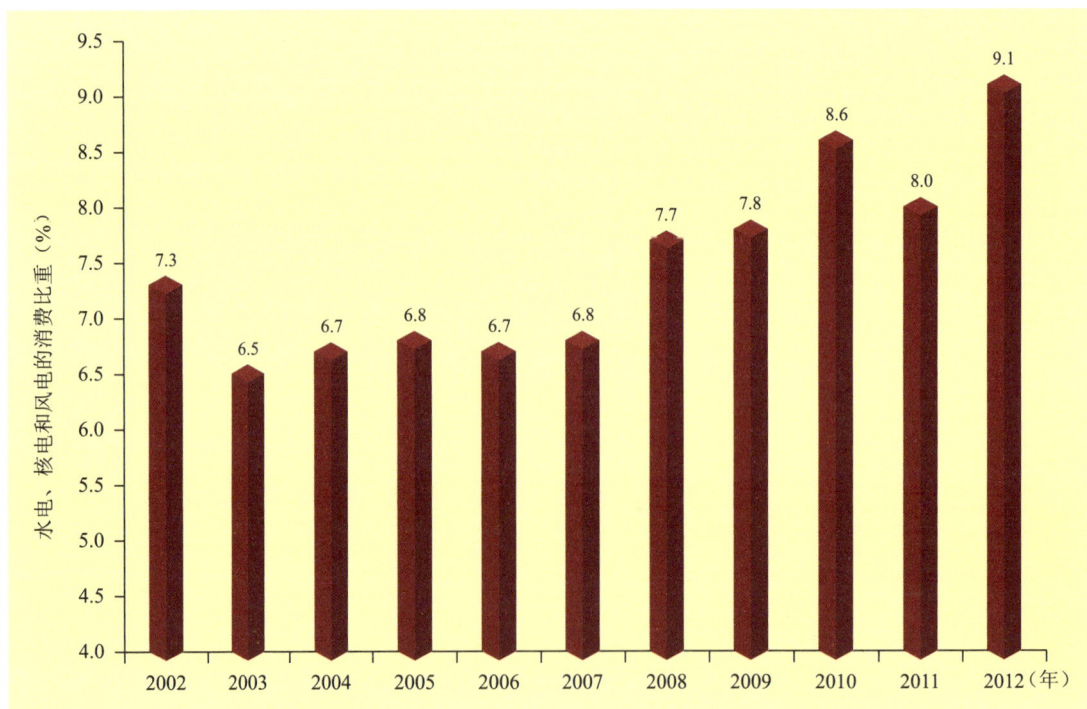

数据来源:《中国统计年鉴2012》,国家发改委报告。

过去10年间,中国能源消费品种仍以煤炭为主,但清洁能源消费比重总体呈现上升趋势。2002~2012年,煤炭消费占一次能源消费的比重从68%下降到66.4%;非化石能源(水电、风电、太阳能、生物质能等)的比重由2002年的7.3%提高到2012年的9.1%。中国国家"十二五"规划提出,"十二五"时期,非化石能源占一次能源消费比重将年均增长3.1%,到2015年要达到11.4%。

2006~2012年中国的发电结构

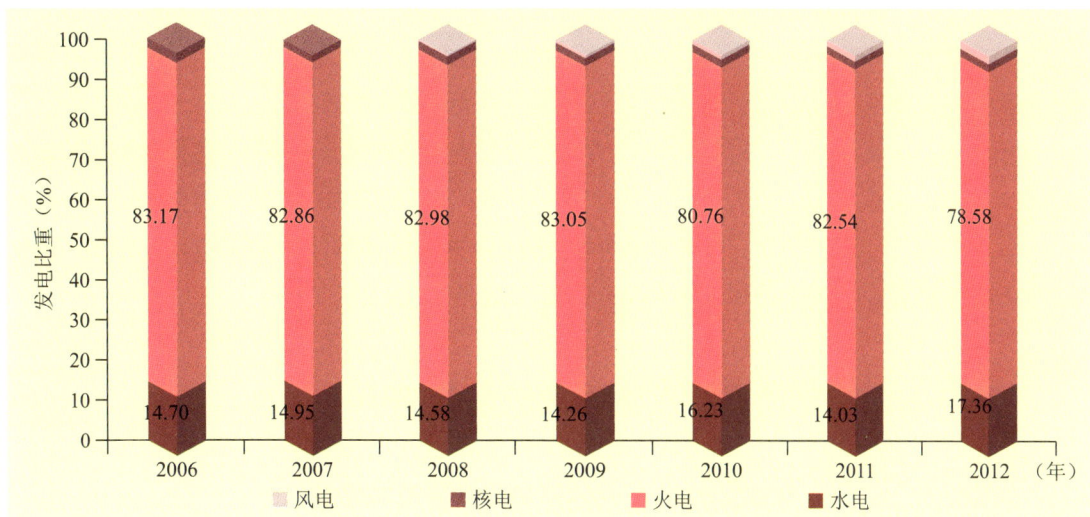

数据来源：2011 年之前的数据根据历年全国电力工业统计快报整理得到，2012 年数据根据中国电力监管委员会的《2012 年电力工业运行情况监测报告》整理得到。

由于国际能源价格高涨、石油对外依存度上升，以及全球气候变化问题日益严峻，在政府的政策支持和引导下，水电、风电、太阳能、生物质能、核能等清洁能源得到较快发展，在全口径发电量中的比重有所提升。数据显示，"十一五"期间，中国全口径发电量中，水电发电量年均增长 11.60%，超过火电增长速度（10.81%），而核电年均增长 7.67%。2012 年底，中国发电装机容量达到 11.44 亿千瓦，其中水电、核电、风电等非火电类型清洁能源发电装机容量比重达到28.32%，比上年提高 0.8 个百分点。

2012年世界主要国家能源消费结构

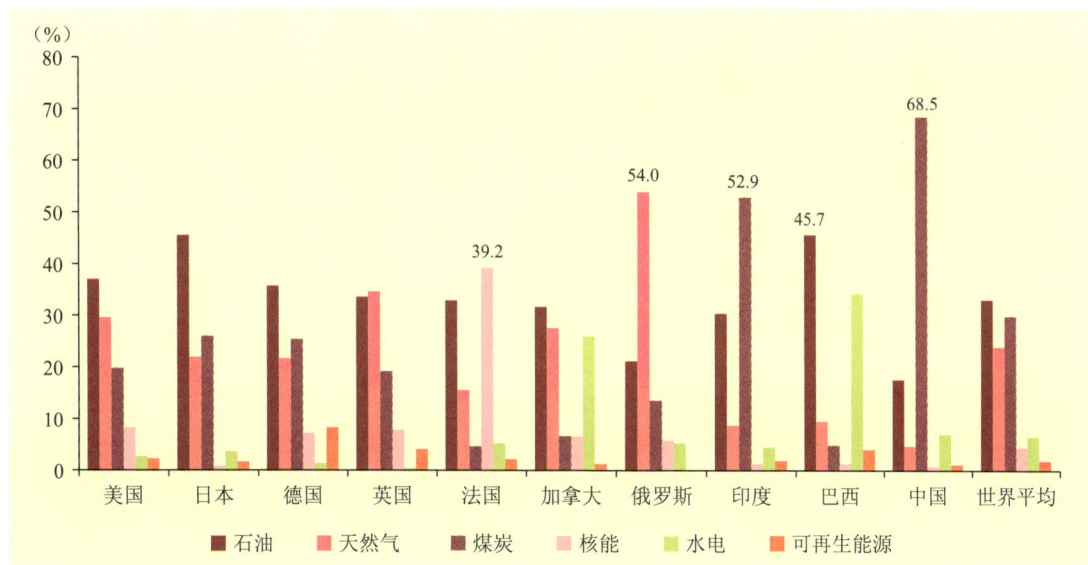

数据来源：《BP 世界能源统计年鉴 2013》。

比较世界主要国家的能源消费结构，可以看出印度和中国情况相似，都属于人均石油资源匮乏的国家，仍以煤炭作为主导能源；巴西、加拿大等国家水资源丰富，水电在能源消费总量中占较大比重；法国的核电事业相当发达，2012 年核电占全国能源消费总量的 39.2%。由于化石能源的不可再生性及其带来的环境污染问题，各国都在积极发展可再生能源。

中国非化石能源消费在一次能源消费总量中的比重正在不断提升，但与发达国家相比，其比重还相对较低。根据 BP 的数据，2002~2012 年，美国非化石能源在一次能源消费总量中的比重由 10.6% 上升到 13.5%；同期，世界能源消费结构中非化石能源的比重维持在 13% 左右，而中国非化石能源消费的份额由 6.2% 上升到 9.1%，低于世界平均水平。

中国近些年能源供应的总体发展趋势如何？

2003~2011年中国能源生产量及其增速

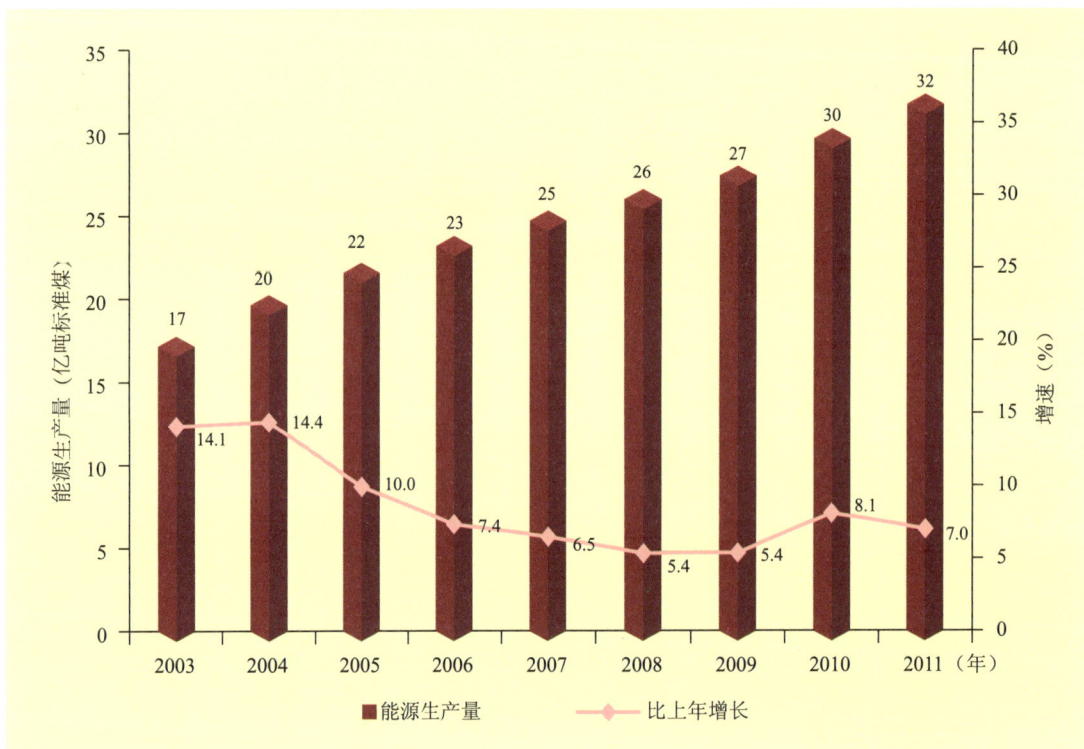

数据来源：《中国统计年鉴 2012》。

过去 10 年间，中国能源生产供应能力稳步提高。2011 年，中国能源生产总量达到 31.8 亿吨标准煤，比 2002 年增长 1.1 倍，成为世界第一大能源生产国，能源自给率在 90% 左右。同时，清洁能源的供应比重逐步提升。中国可再生能源发展"十二五"规划制定的目标是，2015 年风电、太阳能、生物质能、太阳能热利用及核电等非化石能源开发总量达到 4.8 亿吨标准煤。

中国近些年能源供需博弈格局出现哪些变化？

中国"十一五"时期能源供需状况

指标	单位	2005 年	2010 年	年均增速（%）
一次能源生产总量	亿吨标准煤	21.6	29.7	6.6
其中：煤炭	亿吨	23.5	32.4	6.6
原油	亿吨	1.8	2.0	2.1
天然气	亿立方米	493	948	14.0
非化石能源	亿吨标准煤	1.6	2.8	11.8
一次能源消费总量	亿吨标准煤	23.6	32.5	6.6
电力装机规模	亿千瓦	5.2	9.7	13.3
其中：水电	亿千瓦	1.2	2.2	12.9
火电	亿千瓦	3.9	7.1	12.7
核电	万千瓦	685	1082	9.6
风电	万千瓦	126	3100	89.8

数据来源：《能源发展"十二五"规划》。

"十一五"时期，中国能源需求一直大于供应，能源供需缺口由 2 亿吨标准煤扩大到 2.8 亿吨标准煤，而且，能源消费与供应的年均增长率均为 6.6%。在能源供应方面，煤炭占主导地位，但增速相对较快的是天然气和非化石能源等清洁能源；在电力装机规模方面，火电占主导地位，但增速相对较快的是风电。

中国近些年海外油气生产呈现何种发展格局和态势？

2010年中国海外油气投资项目数的地区分布

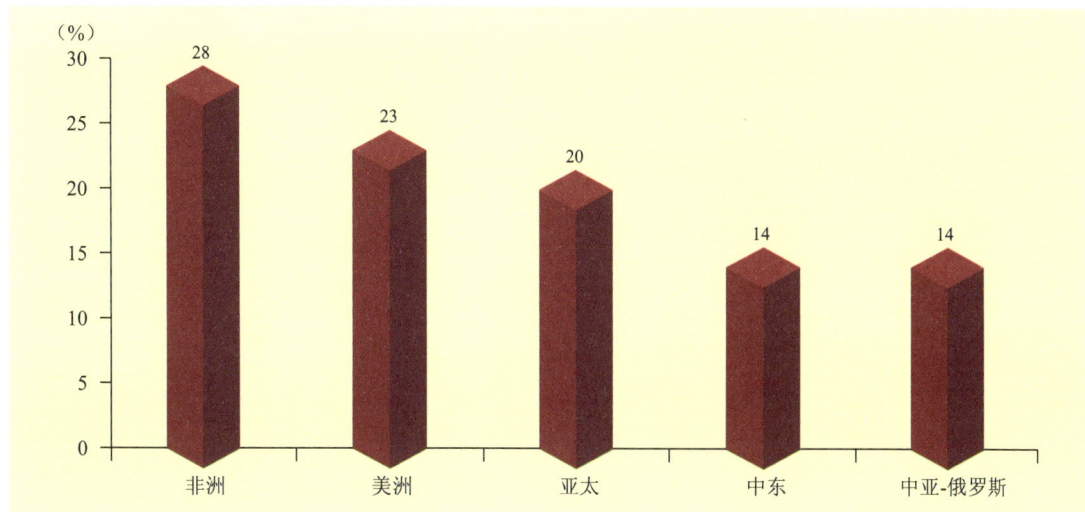

数据来源：中国石油经济技术研究院。

　　调查结果表明，过去20年中国油气生产海外拓展步伐不断加快，五大油气生产区域逐步形成。1993年，中石油在加拿大开采出了第一桶原油，标志着中国石油企业"走出去"实现了零的突破。经过10多年的发展，中国逐渐完成了油气生产区的海外布局。根据中国石油经济技术研究院统计的数据，截至2010年底，中国企业在全球45个国家共参与超过170个海外油气投资项目，并形成了非洲、美洲、亚太、中东和中亚-俄罗斯五大海外油气生产区。

中国企业海外上游油气资产权益产量和作业产量

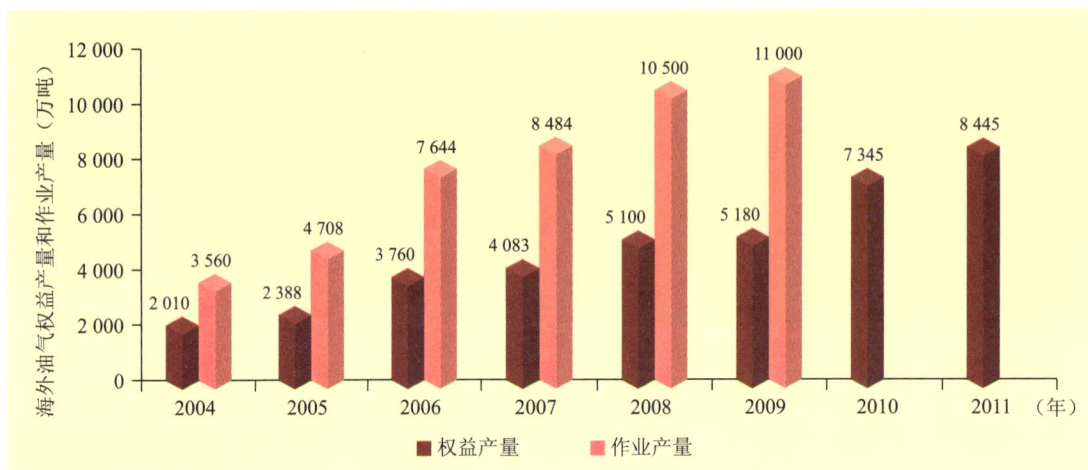

数据来源：中国石油经济技术研究院。

　　历史数据显示，2011年中国石油石化企业国际化经营步伐进一步加快，海外油气合作规模扩大，油气权益产量达到8 445万吨油当量。2012年，中国企业海外上游油气资产权益产量突破9 000万吨。同时应该看到，近两年中国企业海外油气合作面临较大挑战，特别是面临资源国的政治社会动荡及政策和安全风险。

中国从中东地区的石油进口量及其在中国石油进口总量中的比重

数据来源：《BP世界能源统计年鉴2013》。

过去 10 年，在中东复杂的地缘政治形势下，中国通过工程技术领域的合作，逐渐加强了与中东国家的石油合作关系，并扩大了从沙特阿拉伯、伊朗等国的石油进口，在中东地区的石油进口量稳步上扬，保障了国内需求。2012 年，中国从中东地区的石油进口量是 2003 年的 2.79 倍，年均增长 12%；而且，来自中东地区的石油进口量一直保持在中国石油进口总量的 40% 左右，成为过去 10 年中国经济社会平稳较快发展的重要支撑。

中国近些年的碳排放量呈现何种变化趋势？

受发展阶段和资源禀赋的制约，近年来中国化石能源燃烧排放的二氧化碳增长较快，碳减排压力显著增加。根据《BP 世界能源统计年鉴 2013》的数据，2008 年中国碳排放量首次超过美国，成为全球最大碳排放国，此后中国碳排放量一直稳居首位并快速增长。这导致中国应对气候变化，特别是 2005~2020 年实现碳排放强度下降 40%~45% 的发展目标相当艰巨。

2002~2012年中美碳排放量及其增速比较

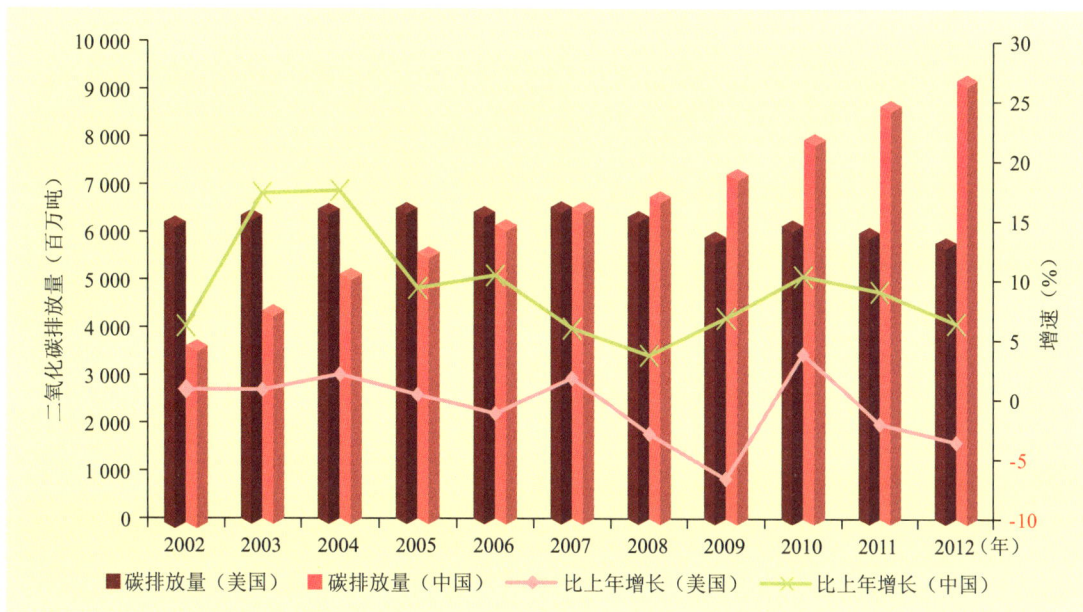

数据来源：《BP 世界能源统计年鉴 2013》。

比较过去 10 年中美两国的碳排放情况，可以看出美国碳排放量逐年变化相对稳定，过去 5 年有下降趋势，2012 年比 2002 年下降 8.1%。相比而言，中国碳排放量逐年稳步上扬，2012 年比 2002 年增加 148.5%。

特别是 2002~2004 年，由于中国宏观经济和投资快速增长，导致碳排放量急剧攀升，2003、2004 年的碳排放量均比上年增长 17%。2004 年以来，由于中国政府高度重视节能减排工作，碳排放量增速大幅下滑。"十一五"期间，中国通过节能降耗减少二氧化碳排放 14.6 亿吨，得到国际社会的广泛赞誉，展示了负责任大国的良好形象。

中国正在采取哪些措施推动能源可持续发展，应对全球气候变化？

中国当前推进能源可持续发展的重要举措

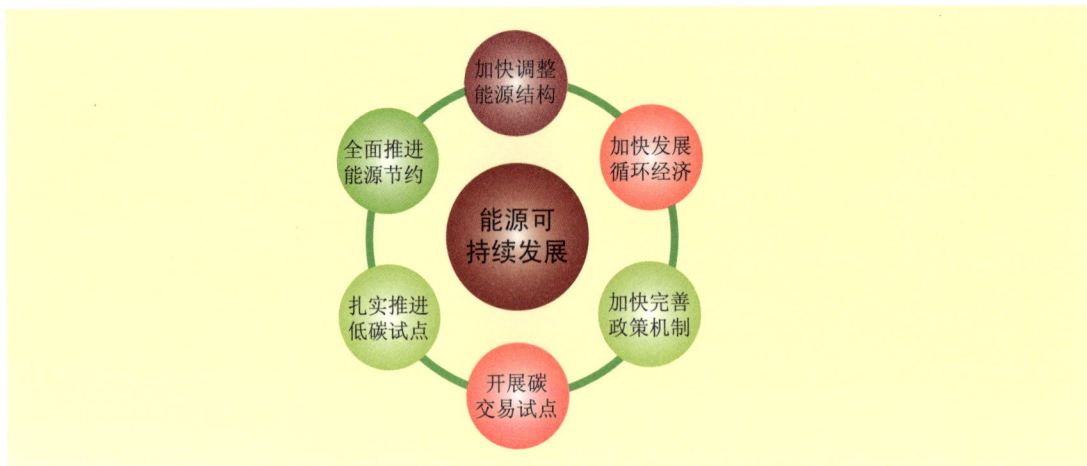

作为全球最大的发展中国家，能源问题在中国是一个重大战略问题。中国正在推进能源生产和利用方式变革，构建安全、稳定、经济、清洁的现代能源产业体系，以积极应对全球气候变化。

金砖国家的能源生产和消费存在哪些主要异同？

金砖国家不仅经济规模大，而且增长迅速，在国际社会中的影响力日益显著。2011年，金砖国家一次能源消费量约占全球一次能源消费总量的34.7%，特别是煤炭生产和消费已分别达到世界总量的62.8%和62.6%。但由于历史背景、资源基础、经济实力和发展阶段不同，各国内部的发展特征仍然差异显著。

2005~2010年金砖国家的一次能源生产总量

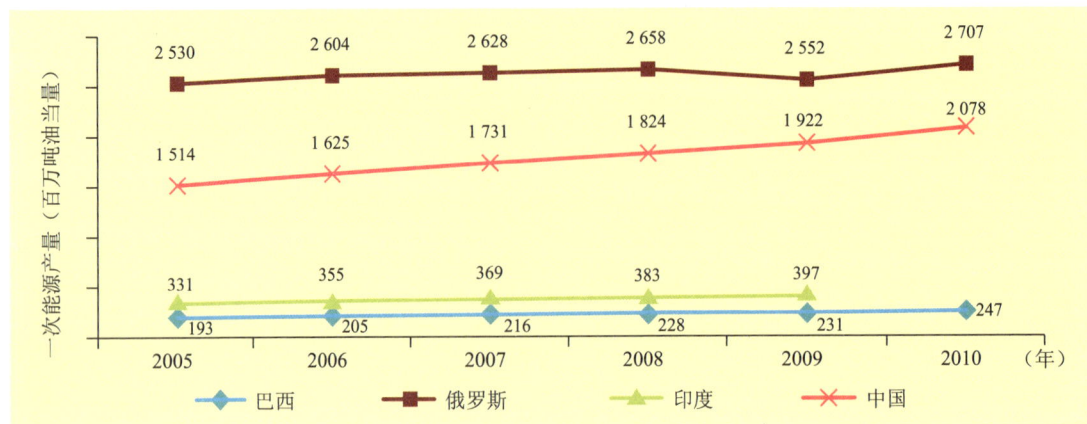

注：南非数据缺失。

数据来源：《金砖国家联合统计手册(2012)》。

俄罗斯与中国的一次能源产量远远高于印度与巴西，这与两国所拥有的丰富能源储量有很大关系。在变动趋势上，除俄罗斯的产量在 2009 年有小幅减少以外，其余国家随着时间推移，能源产量一直在缓慢增长。俄罗斯的能源总产量最高，在 2010 年达到了 27.07 亿吨标准油当量，但同时也是产量增长最慢的国家，6 年内仅增长了 7%。中国的能源产量增长相对最快，6 年内增长了 37.25%，其次是巴西，增长了 27.98%。

2005~2012年金砖国家的一次能源消费量

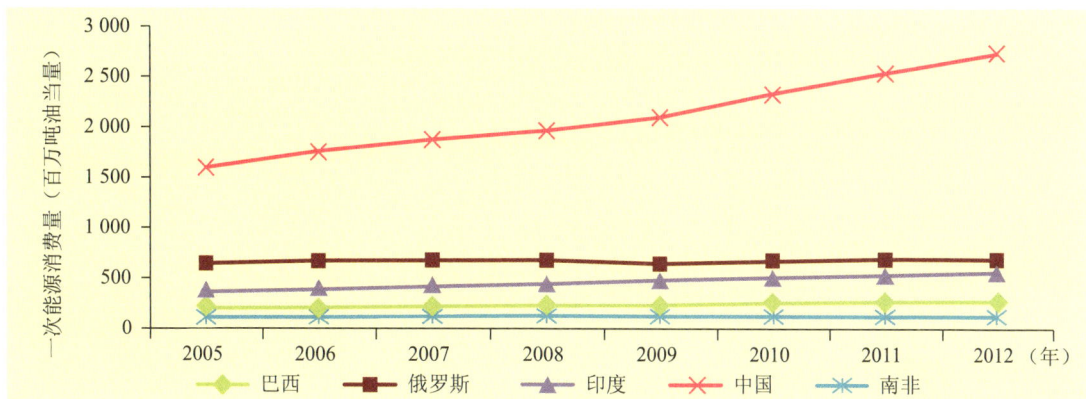

数据来源：《BP 世界能源统计年鉴 2013》。

在金砖国家中，过去几年中国的一次能源消费量遥遥领先，并且以较快的速度在增长。2005~2012 年，中国一次能源消费量从 16 亿吨油当量上升至 27 亿吨油当量，增长 71%；印度的一次能源消费量在金砖国家中虽然位居第三，但其增长速度较快，达到 54%；相比而言，其他国家的增长势头相对较弱，巴西增长了 33%，南非增长了 8%，而俄罗斯仅增长了 7%。

2005~2012年金砖国家一次能源消费量占全球的比重

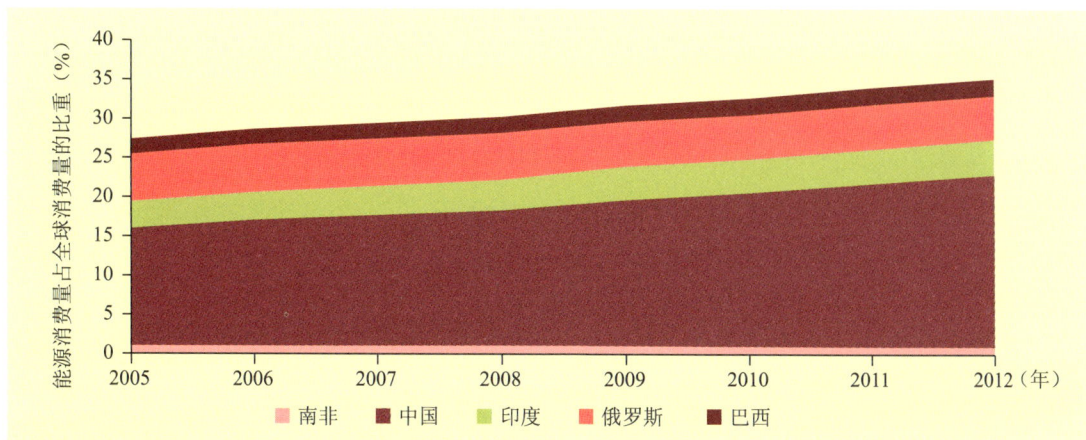

数据来源：《BP 世界能源统计年鉴 2013》。

金砖国家整体在世界能源消费格局中的地位不断提升。根据《BP 世界能源统计年鉴 2013》的数据，金砖国家一次能源消费量占全球的比重由 2005 年的 27% 上升到 2012 年的 35%。除俄罗斯、南非外，其他国家一次能源消费量占全球的比重均是持续上升的，特别是中国，由 2005 年的 15% 持续增长到 2012 年的 22%。

金砖国家的能源消费结构存在哪些主要异同？

金砖国家作为发展中国家，其能源需求增长较快，能源消费主要来自煤炭、石油、天然气等化石燃料。

2012年金砖国家和世界一次能源消费结构

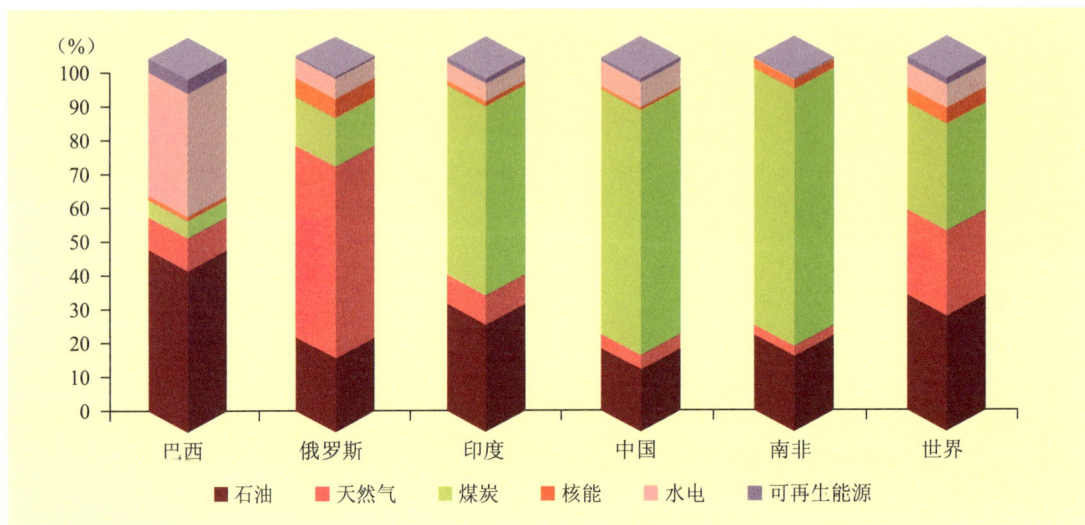

数据来源：《BP 世界能源统计年鉴 2013》。

南非、中国和印度的能源消费结构都是以煤炭为主。2012 年，三个国家中煤炭在能源消费总量中的占比分别达到 73%、68% 和 53%，远高于世界平均水平（30%）；巴西的能源消费以石油和水电为主，分别占总量的 46% 与 34%；俄罗斯则以天然气为主要能源消费品种，占比达到 54%。

五个金砖国家的能源消费结构各不相同，但相似的是，核能和可再生能源的消费量均较低。核能方面，俄罗斯的消费占比最高，但也仅占其能源消费总量的 6%；可再生能源方面，巴西的消费占比最高，但仅占 4%。尽管目前能源安全问题日益突出，环境保护和全球气候变化问题也日益严峻，然而清洁可再生能源的消费占比仍然较低。

金砖国家的能源对外依赖形势存在哪些主要异同？

从能源净进口量占能源消费总量的比重（此处我们简称为能源对外依存度）看，中国和巴西对能源进口的依赖性比较大，而俄罗斯能源消费对外依存度较低；尤其是近四年，中国能源对外依存度显著高于巴西和俄罗斯，能源安全、经济安全问题凸显。

2005~2010年部分金砖国家的能源对外依存度

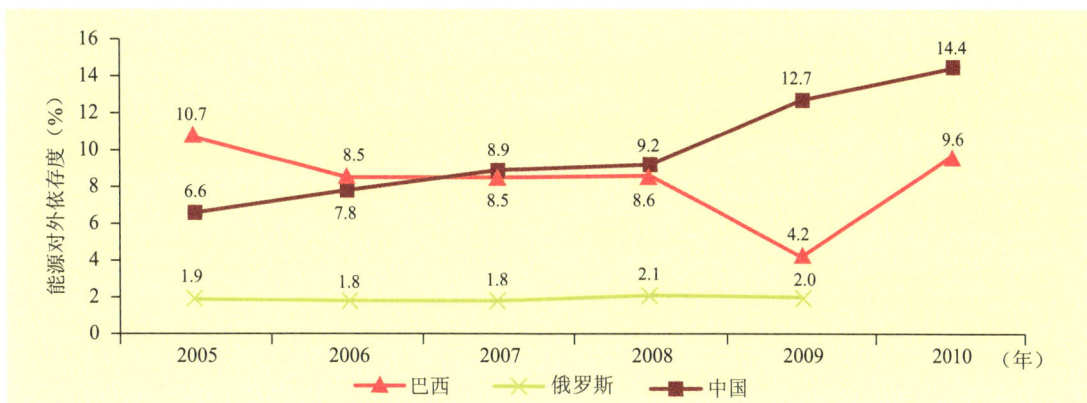

注：南非、印度数据缺失。

数据来源：《金砖国家联合统计手册（2012）》。

过去几年，中国能源对外依存度逐年增长，从 2005 年的 6.6% 持续增长至 2010 年的 14.4%。我们预计，由于未来几年中国经济还将继续保持平稳较快增长态势，能源消费量还将不断攀升，能源对外依存度持续增加的趋势还将维持一段时间，2015 年，中国能源依存度将超过 15%。相比而言，俄罗斯的能源对外依存度变化不大，近些年一直保持在 2% 左右。而巴西的能源对外依存度波动比较大，特别是 2009 年低达 4.2%，随后在 2010 年又增至 9.6%。

金砖国家的电力生产与消费存在哪些主要异同？

2005~2012年金砖国家的发电量

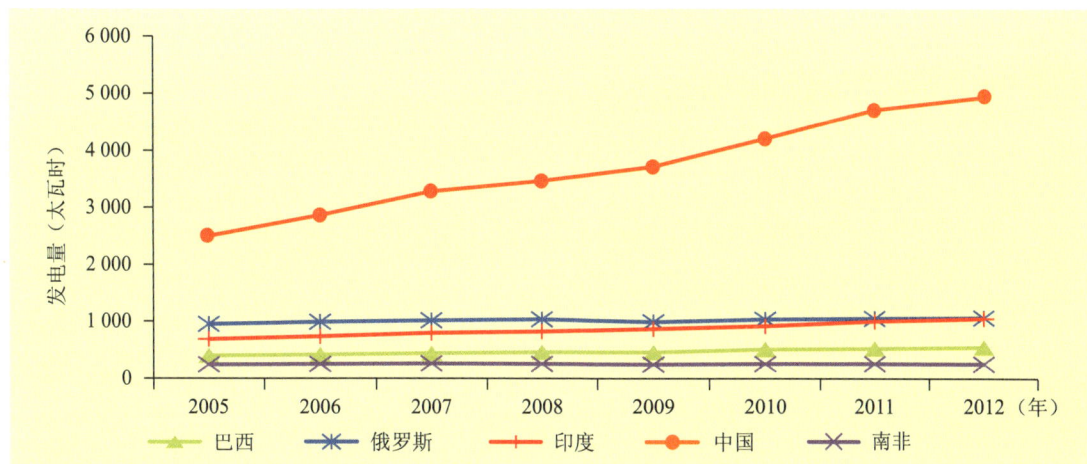

数据来源：《BP 世界能源统计年鉴 2013》。

过去几年，金砖国家的发电量基本上都呈现上行态势，尤其是中国的发电量增长趋势明显，2005~2012 年增长 97%，年均增长 10%；而且发电绝对量明显超过其他国家，从 2005 年的

2 500TW·h 增加至 2012 年的 4 938TW·h，这与过去几年中国装机容量高速发展有关。其余几个国家的发电量虽逐年增加但相对平稳，且各国的发电量相对较低。

2005~2010年部分金砖国家的电力消费量

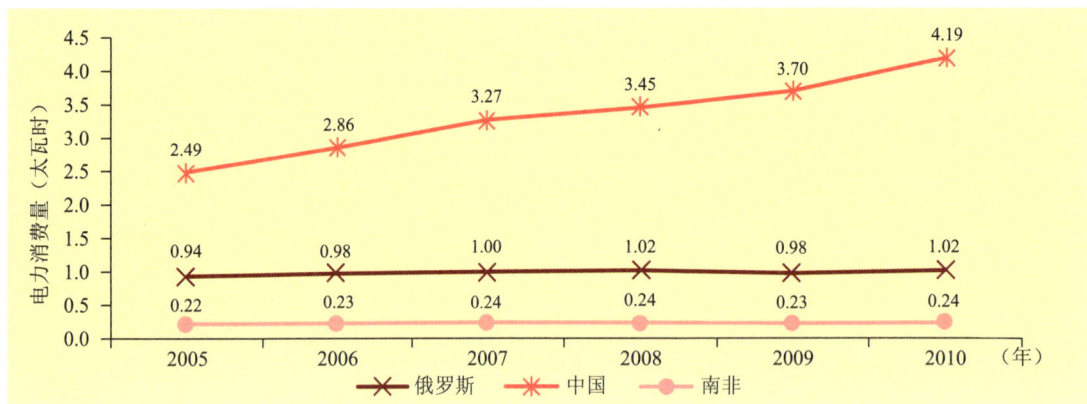

注：南非、印度数据缺失。

数据来源：《金砖国家联合统计手册（2012）》。

中国电力消费明显高于图中其他金砖国家，其次是俄罗斯，而南非的电力消费量相对较低。从增长趋势看，中国电力消费呈现快速增长态势，而俄罗斯和南非的电力消费增长量有限，变化趋势相对平稳。

金砖国家的电力进口与出口存在哪些主要异同？

2005~2010年部分金砖国家的电力进口量

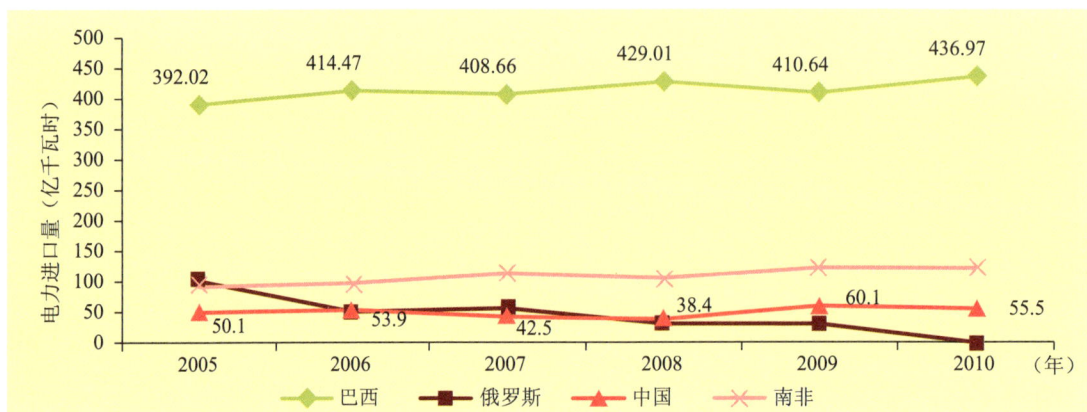

注：印度数据缺失。

数据来源：《金砖国家联合统计手册（2012）》。

从金砖国家的电力进口看，巴西的电力进口量相对较高，2010 年巴西电力进口达到 436.97 亿千瓦时。而南非、中国、俄罗斯的电力进口相对较低，均在 150 亿千瓦时以下。此外，与各国电力消费总额相比，电力进口量所占比例较低。例如，2010 年中国电力消费量为 41 934.5 亿千瓦时，电力进口量只占电力消费量的 0.13%，南非也仅占 5.12%。

2005~2010年部分金砖国家的电力出口量

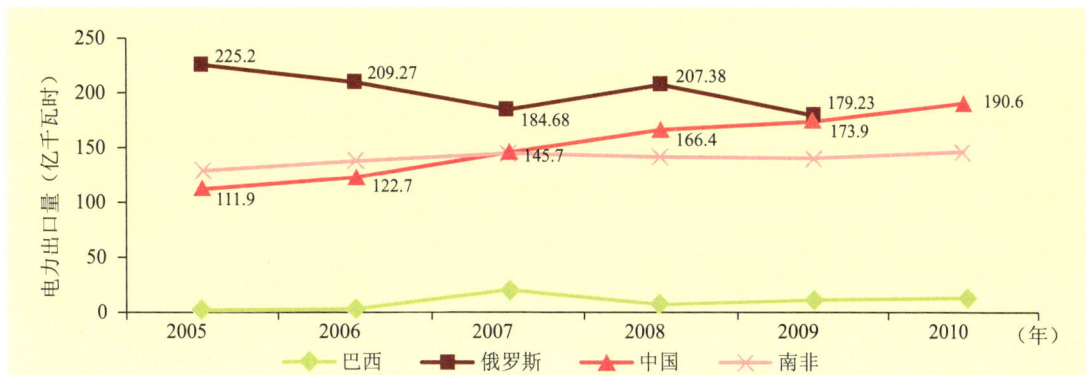

注：印度数据缺失。

数据来源：《金砖国家联合统计手册（2012）》。

俄罗斯、中国与南非的电力出口量较高，巴西相对较低。中国的电力出口量持续上升，2005~2010 年，增加了 70%，2010 年达到 190.6 亿千瓦时，其主要输出到缅甸、老挝、朝鲜和蒙古国等国家。而俄罗斯的电力出口量在此期间却一路下滑，2005~2009 年，减少了 20.4%。此外，巴西是一个典型以水力发电为主的国家，电力出口量较少。

金砖国家的碳排放量存在何种变化趋势与主要异同？

中国碳排放的绝对量远高于其他金砖国家，2012 年，中国碳排放量分别是巴西、俄罗斯、印度和南非的 18 倍、5 倍、5 倍和 21 倍。作为全球最大的发展中国家，中国经济发展给环境带来了严重压力，在金砖国家中格外突出。

2005~2012年金砖国家能源消费导致的二氧化碳排放量

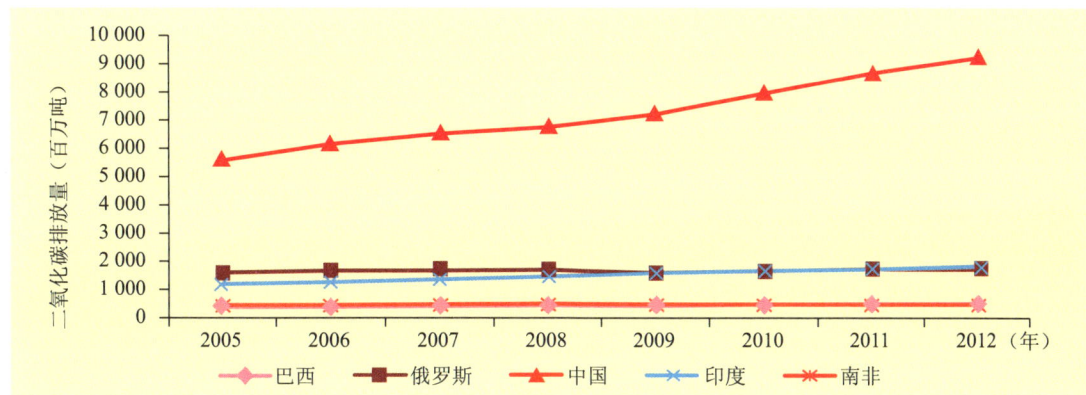

数据来源：《BP 世界能源统计年鉴 2013》。

　　从碳排放量增长趋势看，2005~2012 年，中国的碳排放量持续上升，增幅达到 65%，年均增长 7%。印度的碳排放量虽然比中国低不少，但增速也较快，2005~2012 年，印度碳排放量增长 55%，年均增长 6%。此外，巴西的碳排放量在此期间增长 32%，而俄罗斯和南非的碳排放量增幅相对最低，为 7%。

　　总之，从可持续发展角度看，中国实行节能减排、转变发展方式、调整经济结构和产业结构，既是自身发展的需要，也符合世界经济社会发展的潮流和趋势。2012 年 11 月，中国共产党的"十八大"报告把生态文明建设提高到和经济建设、政治建设、文化建设、社会建设同等重要的高度，提出了实现"美丽中国"的目标，通过绿色发展、循环发展、低碳发展实现可持续发展。

第二章

中国能源储量
与生产态势

　　在世界能源由煤炭为主向油气为主的结构转变过程中，中国仍是极少数几个以煤炭为主的国家之一。如今，中国在以"煤炭为主体、电力为中心、石油天然气和可再生能源全面发展的能源供应新格局"的基础上，着重提高新能源与可再生能源的比重，不断深化能源体制改革，优化能源结构，已取得了初步成效。

中国的煤炭资源储量有多大？主要分布在哪些区域？

2011年中国各地区煤炭资源储量占比

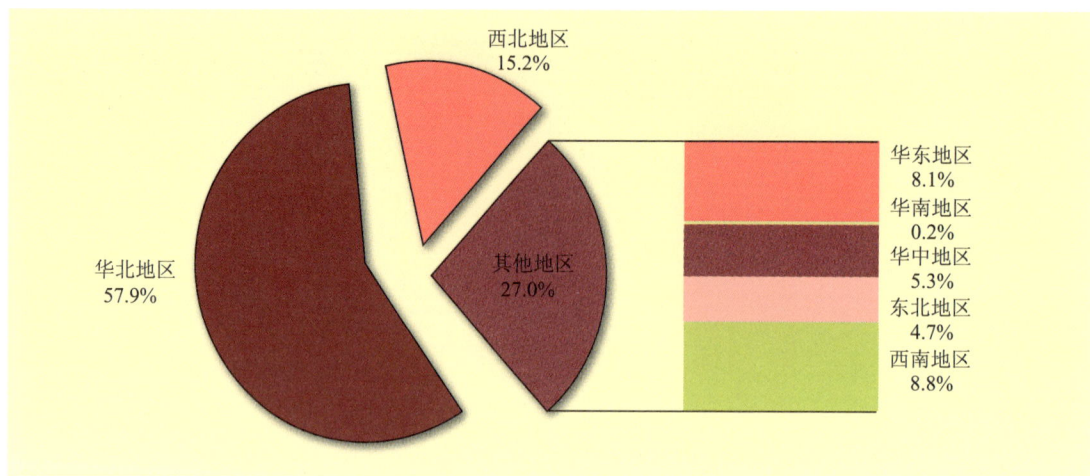

注：上述数据不包括中国台湾。

数据来源：《中国能源统计年鉴2012》。

中国煤炭资源相当丰富，2011年基础储量2 158亿吨。然而，中国的煤炭资源分布比较集中，北多南少。按区域划分，华北地区煤炭储量1 249亿吨，位居几大区域之首；按省区市划分，山西（835亿吨）、内蒙古（369亿吨）、新疆（148亿吨）、陕西（107亿吨）、河南（97亿吨）的煤炭储量位居全国前5位，5省区煤炭基础储量占全国的72%。

中国的石油资源储量有多大？主要分布在哪些区域？

中国各地区石油探明储量占全国比重

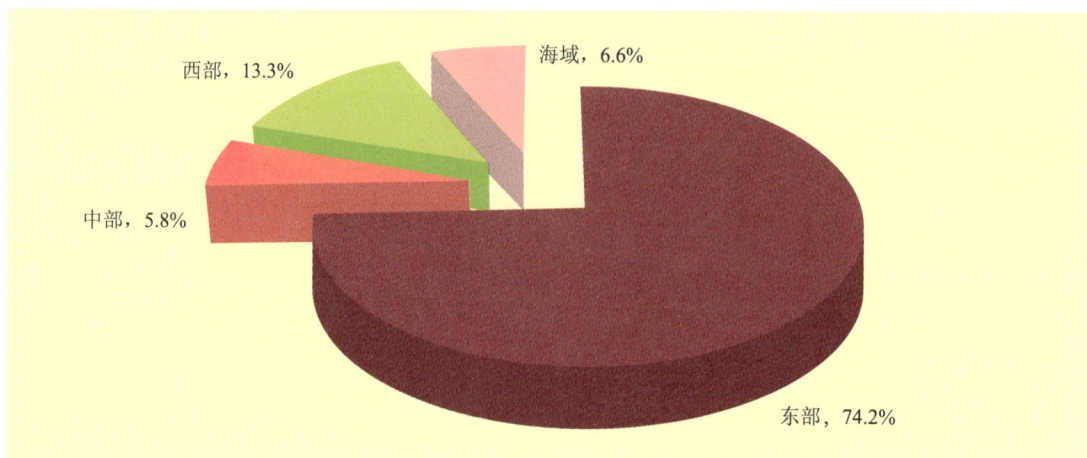

数据来源：根据全国石油天然气储量公报统计数据整理而得。

中国是石油资源总量较为丰富的国家之一。根据《全国油气资源动态评价2010》，石油地质资源量881亿吨[1]，可采资源量233亿吨，探明程度36%。在已探明储量中，93.4%的储量分布在陆上，而海洋探明储量只占总探明储量的6.6%；74.2%的石油探明储量分布在东部地区的松辽和渤海湾盆地，5.8%的探明储量分布在中部地区，13.3%的探明储量分布在西部地区。

2011年中国石油资源的区域分布

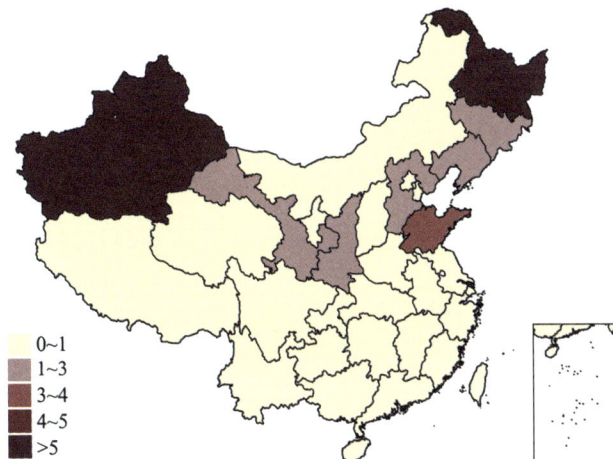

注：上述数据不包括中国台湾，单位为亿吨。

数据来源：《中国统计年鉴2012》。

中国石油资源分布比较广泛。《中国统计年鉴2012》的数据显示，2011年新疆、黑龙江、山东的石油基础储量位居全国前3位，均超过了3亿吨，分别为5.6亿吨、5.1亿吨、3.4亿吨；此外，海域石油储量达到4.5亿吨。

中国的天然气资源是否丰富？区域分布呈现何种特征？

2011年中国天然气基础储量区域分布

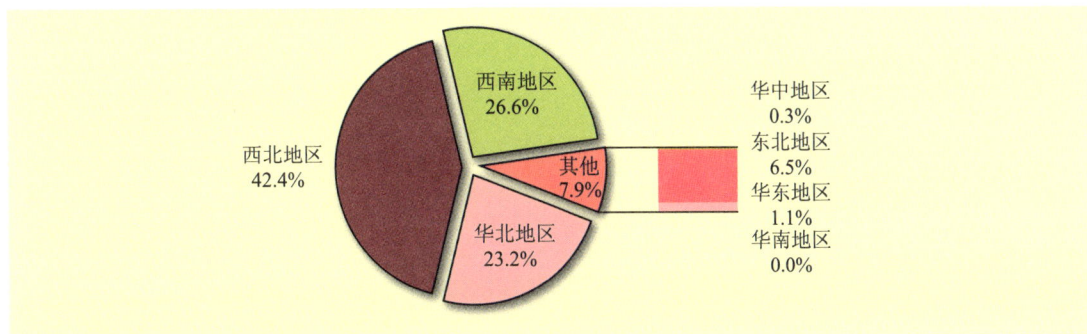

注：上述数据不包括中国台湾。

数据来源：《中国统计年鉴2012》。

1　地质资源量包括探明地质储量和待发现地质资源量两部分。

中国天然气资源丰富，但开采程度较低。《全国油气资源动态评价2010》的数据表明，中国天然气地质资源量52万亿立方米，可采资源量32万亿立方米，探明程度18%。根据《中国统计年鉴2012》的数据，2011年全国天然气基础储量达到4.02万亿立方米。从区域分布看，陆上天然气基础储量占93%，海域占7%。陆上天然气资源集中分布在西北、西南和华北地区，而东部地区天然气资源相对较少。2011年，新疆、内蒙古、四川的天然气基础储量位居全国前3位，分别为8 810亿立方米、8 040亿立方米、7 973亿立方米，此外，海域天然气基础储量达2 871亿立方米。

中国的水能资源储量及其开发程度如何？呈现何种流域分布特征？

中国水能资源蕴藏量及可开发的水能资源

水系	理论蕴藏量			可开发量		
	装机容量（万千瓦）	年发电量（亿千瓦时/年）	占全国比重（%）	装机容量（万千瓦）	年发电量（亿千瓦时/年）	占全国比重（%）
长江	26 801.77	23 478.40	39.6	19 724.33	10 274.98	53.4
黄河	4 054.80	3 552.00	6.0	2 800.39	1 169.91	6.1
珠江	3348.37	2 933.20	5.0	2 485.02	1 124.78	5.8
海河、滦河	294.40	257.90	0.4	213.48	51.68	0.3
淮河	144.96	127.00	0.2	66.01	18.94	0.1
东北诸河	1 530.60	1 340.80	2.3	1 370.75	439.42	2.3
东南沿海诸河	2 066.78	1 810.50	3.1	3 768.71	2 098.68	10.9
西南国际诸河	9 690.15	8 488.60	14.3	1 389.68	547.41	2.8
雅鲁藏布江及西藏其他河流	15 974.33	13 993.50	23.6	5 038.23	2 968.58	15.4
北方内陆及新疆诸河	3 698.55	3 239.90	5.5	996.94	538.66	2.8
全国统计	67 604.71	59 221.80	100.0	37 853.54	19 233.04	100.0

注：上述数据不包括中国台湾地区。主要根据水能蕴藏量达1万千瓦以上和部分近于1万千瓦的河流统计得到。

数据来源：国家水利部。

中国水能资源丰富，全国水能蕴藏量达6.76亿千瓦，已探明可开发3.78亿千瓦。但是，中国水能资源地区分布很不平衡。从流域来看，长江流域最为丰富，其次是雅鲁藏布江、澜沧江、黄河和珠江。全国水能最丰富的河段都在河流中上游。从地区看，水能资源最丰富的在四川、云南、西藏、青海、湖北、湖南、贵州、广西及新疆等省区。

中国的风能资源开发潜力如何？主要分布在哪些区域？

中国幅员辽阔，陆疆总长达2万多公里，还有1.8万公里的海岸线，边缘海中有岛屿5 000

多个，风能资源丰富，开发潜力巨大。中国最大的风能资源区以及风能资源丰富区主要分布在长江到南澳岛之间的东南沿海及其岛屿，包括山东、辽东半岛、黄海之滨，南澳岛以西的南海沿海、海南岛和南海诸岛，内蒙古从阴山山脉以北到大兴安岭以北，新疆达坂城，阿拉山口，河西走廊，松花江下游，张家口北部等地区及分布各地的高山山口和山顶。

中国的太阳能资源是否丰富？哪些地区资源最为丰富？

中国具有比较丰富的太阳能资源，各地的年太阳辐射总量为 330 万~840 万千焦 / 平方米，每年太阳辐射到中国 960 万平方公里土地上的能量，相当于 1.7 万亿吨标准煤。

中国太阳能资源分区表

区域	指标 [千瓦时 /（平方米·年）]	占国土面积（%）
最丰富带	≥1 750	17.4
很丰富带	1 400~1 750	42.7
较丰富带	1 050~1 400	36.2
一般带	≤1 050	3.7

数据来源：《中国新能源与可再生能源（白皮书）》。

中国太阳能资源最为丰富的地区包括西藏、新疆南部及青海、甘肃和内蒙古西部，年太阳辐射量大于 1 750 千瓦时 /（平方米·年），这部分区域占国土面积达 17.4%。新疆北部、东北地区及内蒙古东部、华北及江苏北部、黄土高原、青海和甘肃东部、四川西部至横断山区以及福建、广东沿海一带和海南岛为太阳能资源很丰富带，年太阳辐射量为 1 400~1 750 千瓦时 /（平方米·年），占国土面积的 42.7%。太阳能资源较丰富带的年太阳辐射量为 1 050~1 400 千瓦时 /（平方米·年），主要分布在中国东南丘陵区、汉水流域以及四川、贵州、广西西部等地区，这部分占国土面积的 36.2%。川黔地区太阳能资源一般，年辐射量不足 1 050 千瓦时 /（平方米·年）。由此看来，太阳能可利用区域面积达到国土面积的 96% 以上。

中国的地热能资源潜力如何？主要分布在哪些地区？

中国地热资源丰富，已发现的地热显示区有 3 200 多处，其中热储存温度大于 150℃、可用于发电的有 255 处。中国地热可采储量约相当于 4 626 亿吨标准煤，资源潜力占全球总量的 7.9%。

中国的地热资源按属性可分为三种类型：高于 150℃ 的高温对流型地热资源主要分布在台湾省，西藏南部和云南、四川西部，高温发电潜力总计为 278 万千瓦；90~150℃ 的中温、低于 90℃ 的低温对流型地热资源主要分布在福建、广东、湖南、湖北、山东、辽宁等省；中低温传导型地热资源主要分布在华北、松辽、四川、鄂尔多斯等地区。

中国的能源产量近些年呈现何种变化趋势？在全世界的排名如何？

中国能源生产总量在全球的排名

位次\年份	1978	1980	1990	2001	2002	2006	2007	2008	2011
1	美国	美国	美国	美国	美国	中国	中国	中国	中国
2	苏联	苏联	俄罗斯	俄罗斯	中国	美国	美国	美国	美国
3	中国	中国	中国	中国	俄罗斯	俄罗斯	俄罗斯	俄罗斯	俄罗斯
4	沙特阿拉伯	沙特阿拉伯	沙特阿拉伯	沙特阿拉伯	沙特阿拉伯	沙特阿拉伯	沙特阿拉伯	沙特阿拉伯	沙特阿拉伯
5	伊朗	加拿大	印度	加拿大	加拿大	印度	印度	印度	印度
6	加拿大	英国	加拿大	印度	印度	加拿大	加拿大	加拿大	加拿大
7	印度	印度	英国	英国	伊朗	伊朗	伊朗	伊朗	伊朗
8	德国	德国	墨西哥	伊朗	澳大利亚	印度尼西亚	印度尼西亚	印度尼西亚	印度尼西亚
9	英国	尼日利亚	德国	澳大利亚	英国	澳大利亚	澳大利亚	澳大利亚	澳大利亚
10	尼日利亚	墨西哥	伊朗	印度尼西亚	印度尼西亚	墨西哥	墨西哥	墨西哥	墨西哥

数据来源：根据历年《中国统计年鉴》、《中国能源统计年鉴》整理得到。

　　中国是全球能源生产大国。自 1978 年改革开放以来，中国能源生产总量在全球的排名一直稳居前位。2006 年，中国一跃成为全球最大的能源生产国，直至当前。

中国不同品种能源产量在全球的排名

能源类型	年份	1978	1980	1990	2001	2002	2006	2007	2008	2011	2012
煤炭	位次	3	3	1	2	1	1	1	1	1	1
原油	位次	8	6	5	5	5	5	5	5	5	4
天然气	位次	10	12	23	18	17	16	8	7	6	7
电力	位次	7	6	4	2	2	1	1	1	1	1

数据来源：《BP 世界能源统计年鉴 2013》。

　　中国各能源品种的生产量在全球的排名整体上不断提升，目前中国已成为全球最大的煤炭生产国和电力生产国。2012 年，中国的石油和天然气产量在全球分别排第 4 和第 7 位。

2012年中国主要能源生产量

指标类型	单位	产量	同比增速
原油	万吨	20 748	1.9%
成品油	万吨	28 171	5.5%
汽油	万吨	8 976	10.3%
柴油	万吨	17 064	2.3%
煤油	万吨	2 131	13.7%
天然气	亿立方米	1 077	6.5%
发电量	亿千瓦时	49 774	5.2%
火电	亿千瓦时	39 108	0.3%
水电	亿千瓦时	8 641	29.3%
核电	亿千瓦时	982	12.6%
并网风电	亿千瓦时	1 004	35.5%

数据来源：根据国家发改委的数据整理得到。

2012 年，国家发改委的数据显示，中国生产原油 20 748 万吨，同比增长 1.9%；生产成品油 28 171 万吨，增长 5.5%，其中汽油 8 976 万吨，增长 10.3%，柴油 17 064 万吨，增长 2.3%，煤油 2 131 万吨，增长 13.7%。全年全口径发电量 49 774 亿千瓦时，比上年增长 5.22%。其中水电、并网风电发电量高速增长，分别同比增长 29.3%、35.5%。

中国的煤炭产量近些年有何变化趋势？生产基地的区域分布如何？

1990~2012年中国及世界煤炭产量

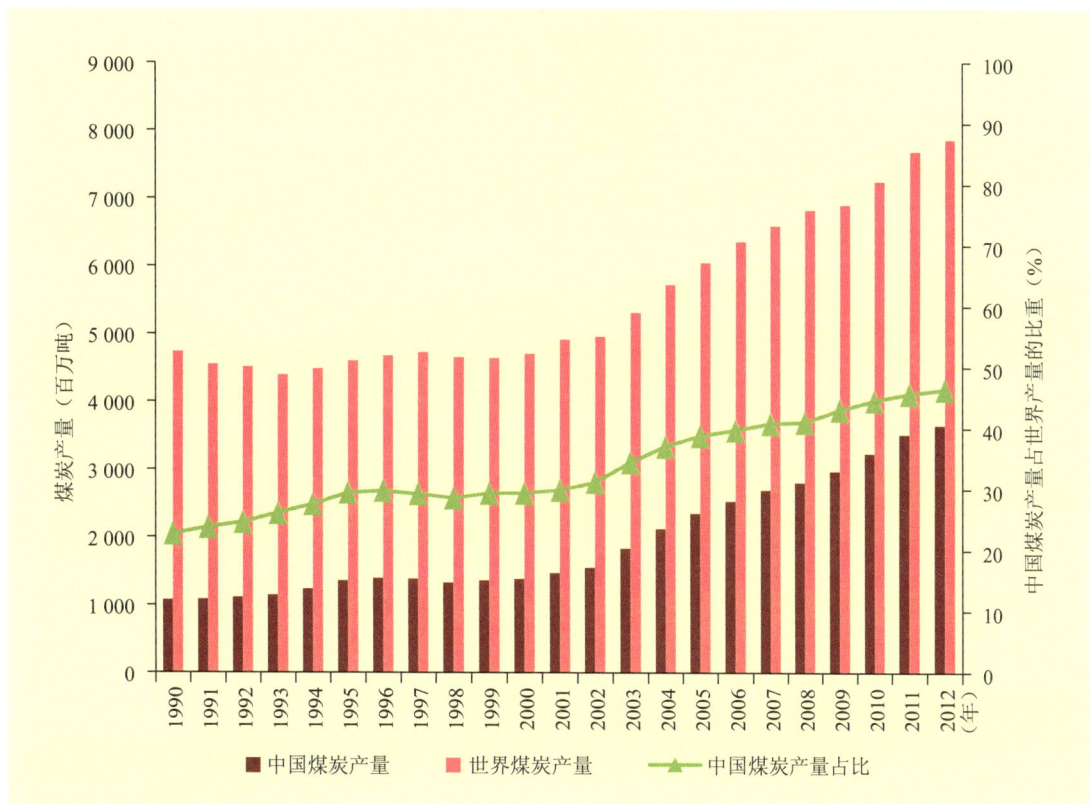

数据来源：《BP 世界能源统计年鉴 2013》。

1990~2000 年，中国煤炭产量相对稳定，略有增长。2001 年以来，在市场的强劲拉动和国家政策支持下，中国煤炭产量一直保持较快增长态势，2001~2012 年，中国煤炭产量从 14.7 亿吨增加到 36.5 亿吨，年均增长 8.6%；同时，中国煤炭产量占世界煤炭产量的比重也从 2001 年的 30% 上升到 2012 年的 46%。

目前，中国煤炭产能供大于求，而且这种形势短期内不会改变。2012 年，重点电厂的电煤库存总体维持较高水平。截至 12 月底，全国重点电厂的电煤库存为 8 113 万吨，可用 19 天，仍处于较高水平。

2010年中国煤炭产区分布

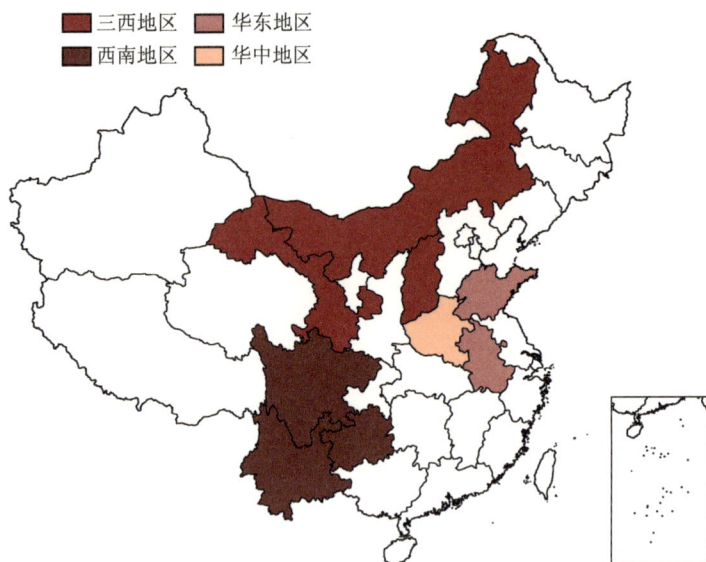

三西地区　华东地区
西南地区　华中地区

注：上述数据不包括中国台湾。

数据来源：《中国能源统计年鉴2011》。

　　从地区分布来看，中国煤炭产量主要集中在三西（即山西、内蒙古西部和陕西）、西南（云南、贵州、四川）、华东（山东、安徽）和华中（河南）几个区域。其中，2011年三西地区煤炭产量占全国比重约为55.3%，西南地区的比重约为9.8%，华东地区的比重约为8.2%，华中地区的比重约为5.3%。

中国的石油产量近些年有何种变化趋势？主要分布在哪些地区？

2005~2012年中国石油产量及其在全球的比重

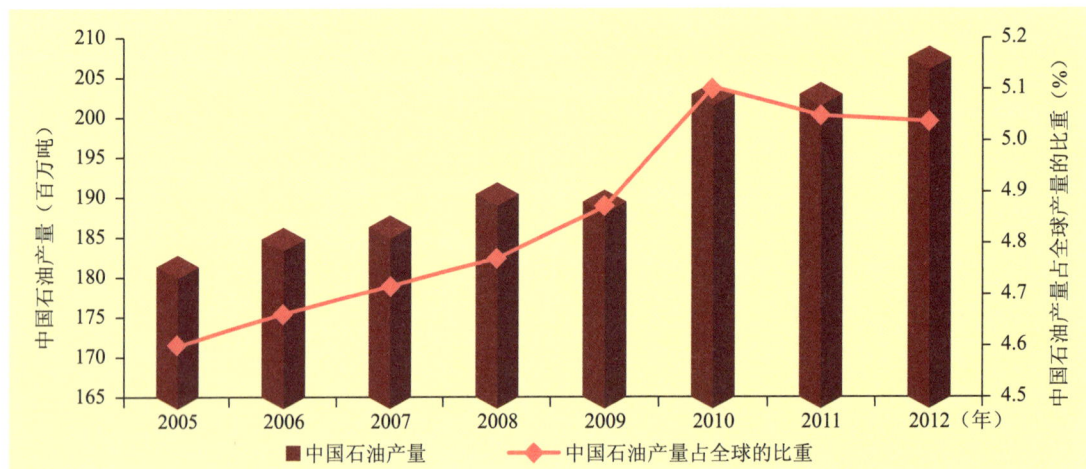

中国石油产量　　中国石油产量占全球的比重

数据来源：《BP世界能源统计年鉴2013》。

随着国内勘探开发的不断深入，油气勘探开发目标越发复杂，储量品质不断下降，作业环境更加恶劣，这对石油企业工程技术服务提出了更高的要求。即便在这种复杂条件下，过去几年中国境内油气勘探开发不断取得新的突破。BP 数据显示，2005~2012 年，中国石油产量增长 14%，年均增长 2%。同时，中国石油产量占全球石油产量的比重也稳中有升，从 4.6% 上升到 5.0%。

2005~2010年中国各区域原油产量

单位：万吨

年份 地区	2005	2006	2007	2008	2009	2010
华北地区	2 355.4	2 553.9	2 584.3	2 637.0	2 896.1	3 931.7
华东地区	2 884.5	2 965.0	3 009.5	3 028.2	3 021.3	2 980.3
中南地区	2 068.8	1 924.1	1 845.3	1 962.9	1 921.8	1 894.2
东北地区	6 327.5	6 247.3	6 001.0	5 918.3	5 640.6	5 657.2
西北地区	4 485.0	4 768.3	5 173.7	5 474.0	5 447.5	5 822.9
西南地区	14.0	18.0	18.1	22.8	21.7	15.1

注：上述数据不包括中国台湾。

数据来源：2005~2011 年《中国能源统计年鉴》。

东北、西北地区一直是中国原油生产最主要的区域，2005~2010 年，其产量占到全国原油生产总量的 60% 左右。2010 年，全国原油产量达到 2.036 亿吨，其中东北、西北地区原油产量占到全国总产量的 56%；而且，黑龙江、天津、陕西原油产量位居全国前 3 位。位于黑龙江的大庆油田是中国第一大油田，产量稳居全国第一，占到全国原油总产量的 21%。

2010年中国各区域原油产量占全国总产量之比

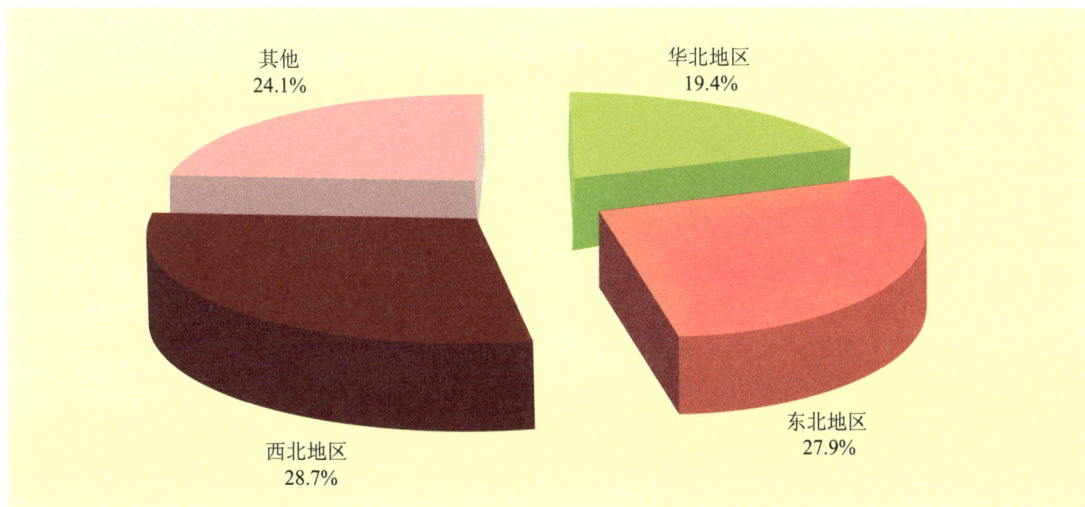

注：上述数据不包括中国台湾。

数据来源：《中国能源统计年鉴 2011》。

根据国家发改委的数据，2012年，中国全年生产原油20 459万吨，同比增长1.6%；加工原油41 526万吨，同比增长2.1%；生产成品油25 726万吨，同比增长4.1%。2011年，大庆油田原油产量稳产在4 000万吨；胜利油田生产2 734万吨；中国海油天津生产2 709万吨；中国石油长庆生产2 002万吨。

中国的天然气产量区域分布如何？未来页岩气发展目标如何？

2010年中国天然气生产区域分布

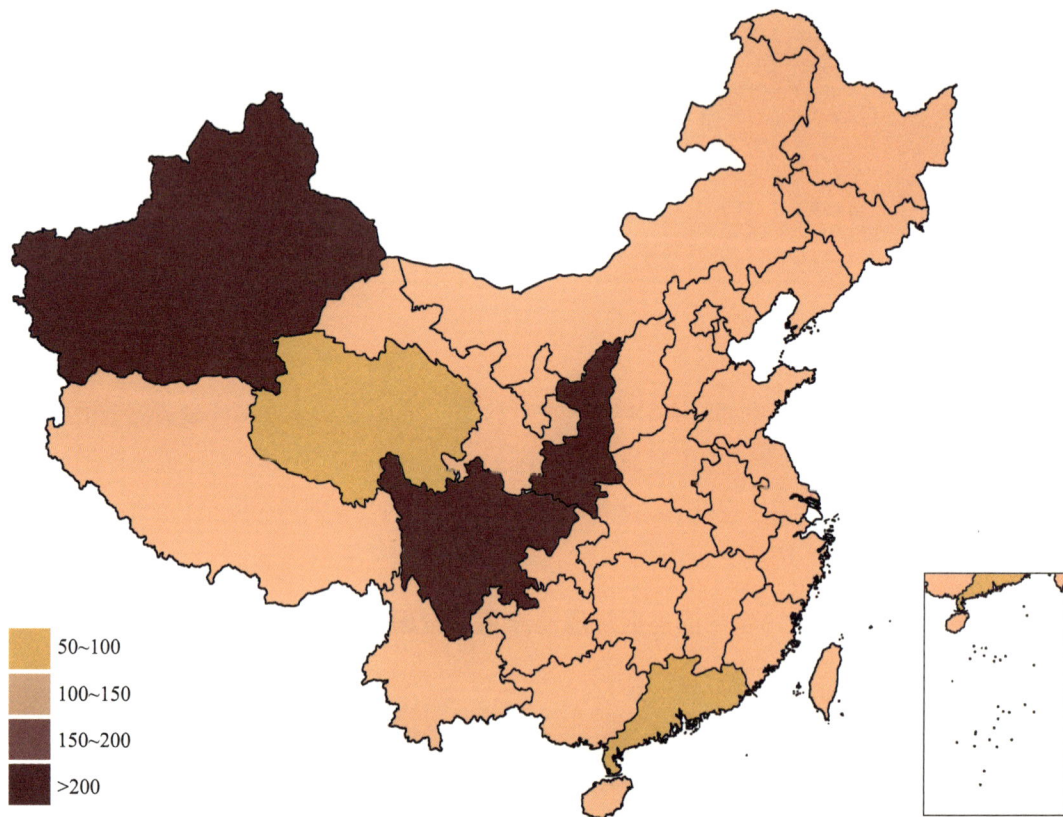

图例：
- 50~100
- 100~150
- 150~200
- >200

注：上述数据不包括中国台湾，单位为亿立方米。

数据来源：《中国能源统计年鉴2011》。

近几年，中国东南西北中天然气勘探喜讯频传。东，即东海盆地；南，即莺歌海–琼东南及云贵地区；西，即新疆塔里木盆地、吐哈盆地、准噶尔盆地和青海柴达木盆地；北，即东北、华北地区；中，即鄂尔多斯盆地和四川盆地。

2012年，中国天然气产量为1 077亿立方米，同比增长6.5%；天然气进口量（含液化天然气）425亿立方米，同比增长31.1%。统计数据显示，2012年1~9月，陕西省天然气的产量达224.16亿立方米，同比增长12.72%，占全国总产量的28.74%。紧随其后的是新疆维吾尔自治区、四川省和广东省，分别占总产量的23.52%、22.90%和7.97%。

2011~2015年中国页岩气发展目标

初步掌握全国页岩气资源量及其分布,优选30~50个页岩气远景区和50~80个有利目标区	探明页岩气地质储量6 000亿立方米,可采储量2 000亿立方米。2015年页岩气产量65亿立方米
目标 (2015年)	
形成适合中国地质条件的页岩气地质调查与资源评价技术方法,页岩气勘探开发关键技术及配套装备	形成中国页岩气调查与评价、资源储量、试验分析与测试、勘探开发、环境保护等多个领域的技术标准和规范

中国页岩气"十二五"期间的发展目标是:到2015年,基本完成全国页岩气资源潜力调查与评价,掌握页岩气资源潜力与分布,优选一批页岩气远景区和有利目标区,建成一批页岩气勘探开发区,初步实现规模化生产。页岩气勘探开发关键技术攻关取得重大突破,主要装备实现自主化生产,形成一系列国家级页岩气技术标准和规范,建立完善的页岩气产业政策体系,为"十三五"页岩气快速发展奠定坚实基础。

中国《天然气"十二五"规划》预计,到2015年,中国天然气供应量将达到2 600亿立方米(包括煤层气、页岩气及煤制天然气等非常规天然气和进口天然气),其中,国产气1 700亿立方米、净进口900亿立方米。煤层气、煤制天然气产量2015年将分别达到200亿、300亿立方米。

中国的电力生产结构具有什么特征?哪些地区发电量位居前列?

1990~2012年中国电力生产量

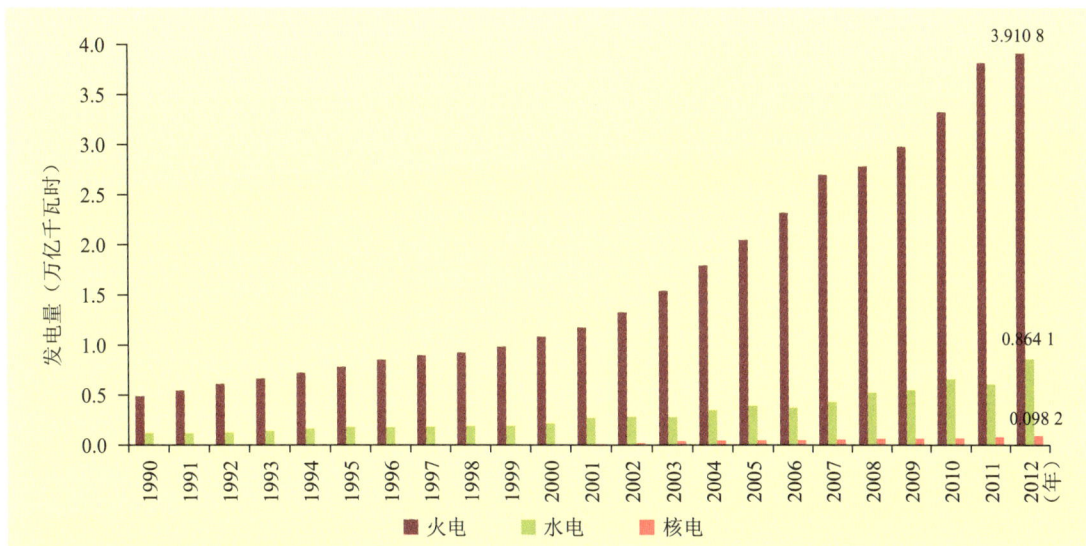

数据来源:1990~2011年的数据来自wind资讯,2012年的数据来自国家电监会的《2012年电力工业运行情况监测报告》。

中国的电力生产结构一直以煤电为主,但清洁能源的占比也在上升。2012年底,全口径发电装机容量达11.44亿千瓦,同比增长8.2%;全口径发电量4.98万亿千瓦时,同比增长5.22%。其中，火电生产量占电力生产总量的79%，水电占17%，核电占2%。2011年中国发电量占世界发电总量的21.3%，首次超越美国，跃居世界首位。

2010年中国发电量区域分布

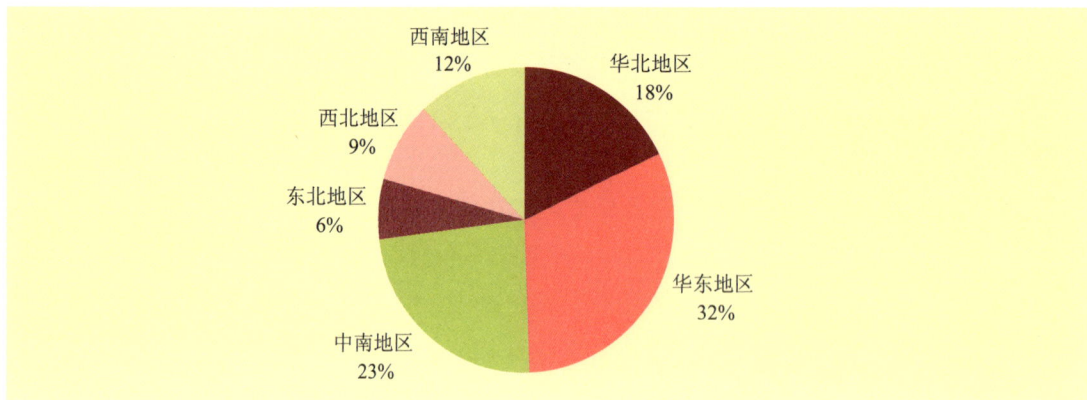

注：上述数据不包括中国台湾。

数据来源：《中国统计年鉴2011》。

从区域分布看，中国电力生产主要是华东、中南和华北地区。从各省市的发电量来看，2011年，江苏省发电量居首位，达3 755.63亿千瓦时，同比增长10.75 %，占全国总产量的8.16 %。紧随其后的是广东、山东和内蒙古，分别占总产量的7.84%、6.87%和6.45 %。

中国的新能源和可再生能源的资源量与发展目标如何？

主要国家/地区的可再生能源发展目标

国家/地区	发展目标
欧盟	2020年和2050年可再生能源比例分别达到20%和50%，部分欧盟国家在探讨2050年实现100%可再生能源的发展目标
丹麦	提出到2050年将完全摆脱对化石能源依赖的战略目标，其中2020年化石燃料消耗将比2009年降低33%，一次能源消费量比2006年降低4%，可再生能源在终端能源消费中的比重超过30%，交通领域可再生能源消费比重达到10%
美国	到2030年清洁能源达到能源消费的30%
日本	推出了绿色能源新政，提出到2050年依靠提高能源效率和发展可再生能源，减排温室气体80%以上
澳大利亚	投入资金总额将达到200亿澳元，可再生能源满足20%的电力需求
巴西	到2030年可再生能源发电占电力的75%
印度	到2022年实现2 000万千瓦的太阳能装机容量
肯尼亚	到2030年实现400万千瓦的地热装机容量
中国	到2015年，非化石能源占一次能源消费比重达到11.4%；到2020年，非化石能源占一次能源消费比重达到15%左右

资料来源：《中国能源报告2012：能源安全研究》。

世界各国为了加强能源安全，促进可持续发展，积极推动可再生能源发展，分别实施了一系列优惠政策和法律法规。到 2010 年，已经有 96 个国家制定了可再生能源发展的政策目标。

中国的新能源与可再生能源的资源量

种类	—	每年可再生能源资源可开发量	折合标准煤（亿吨标准煤）
太阳能	—	1 000 亿千瓦	17 000
风能	—	10 亿千瓦	2.46
水能	经济可开发	4.0 亿千瓦	4.8~6.4
水能	技术可开发	5.4 亿千瓦	4.8~6.4
生物质能	总计	—	4.6
生物质能	生物质发电	3 亿吨秸秆 +3 亿吨林业废弃物	1.5+2.0=3.5
生物质能	液体燃料	5 000 万吨	0.5
生物质能	沼气	800 亿立方米	0.6
地热能	—	33 亿吨标准煤	33（但适于发电的少）

数据来源：《中国能源报告 2012：能源安全研究》。

中国新能源和可再生能源资源丰富，而且过去几年发展迅速。水电投产量较大，成为清洁能源的支柱；风电实现了规模化、产业化发展；生物质气化等技术已有较大进步，生物质燃料已在城市集中供热或农村采暖中使用。

2015年中国新能源和可再生能源具体发展目标

太阳能	风能	地热能
全国家庭住宅太阳能热水器普及率达 20 万 ~30 万平方米规模； 全国太阳电池发电系统市场拥有量将达到 320 兆瓦； 通讯及工业用光伏系统市场份额下降，并大规模发展并网式屋顶光伏系统	海上风能 500 万千瓦； 并网风电装机达到 700 万千瓦； 离网型风力发电机 5 万台年生产力； 市场拥有量累计装机 10.5 万千瓦	地热采暖面积达到 3 000 万平方米； 地热电站累计装机达到 110 兆瓦

水能	核能	生物质能
建设约 1 亿千瓦水电装机容量	2020 年中国核电运行装机容量达到 4 000 万千瓦、在建 1 800 万千瓦的发展目标，核电占全部电力装机容量的比重提高到 4%	生物质发电装机将达 1 300 万千瓦；农林生物质发电将达 800 万千瓦，沼气发电将达 200 万千瓦，垃圾焚烧发电将达 300 万千瓦

资料来源：《2000~2015 年新能源和可再生能源产业发展规划》。

中国新能源和可再生能源分阶段发展目标

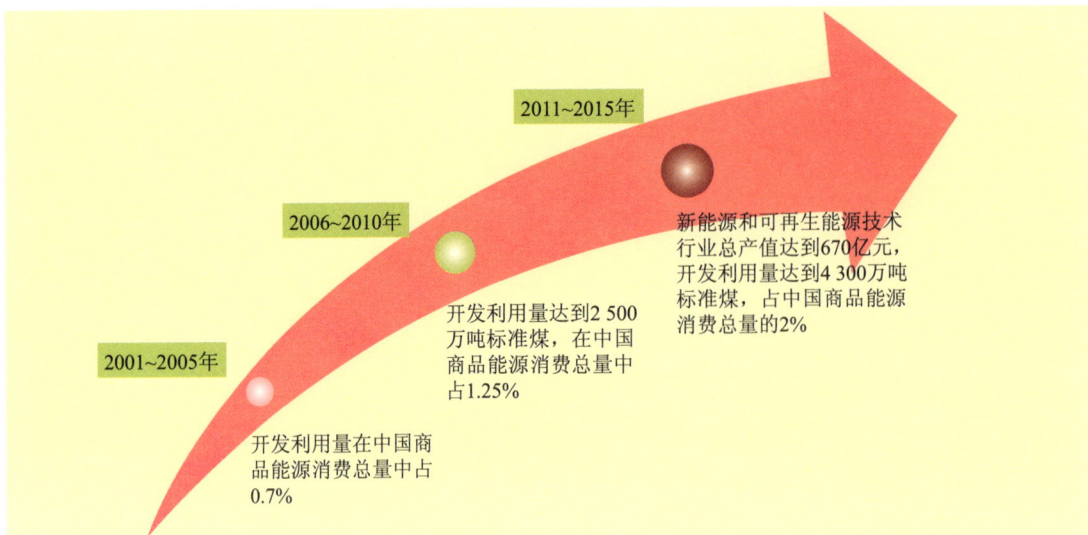

2011~2015年

2006~2010年

2001~2005年

新能源和可再生能源技术行业总产值达到670亿元，开发利用量达到4 300万吨标准煤，占中国商品能源消费总量的2%

开发利用量达到2 500万吨标准煤，在中国商品能源消费总量中占1.25%

开发利用量在中国商品能源消费总量中占0.7%

中国新能源和可再生能源产业发展目标是：到2015年新能源和可再生能源年开发量达到4 300万吨标准煤，占到全国当年能源消费总量的2%（如果包括小水电，则将达到3.6%）；减轻高耗能行业对大气的污染，减少3 000多万吨碳的温室气体及200多万吨二氧化硫等污染物的排放。

中国主要的新能源和可再生能源装机容量和发电量如何？

目前，中国的新能源和可再生能源发电主要集中在水能、核能和风能发电等，近些年它们的装机容量和发电量的发展状况如下：

2005~2012年中国水能装机容量与发电量

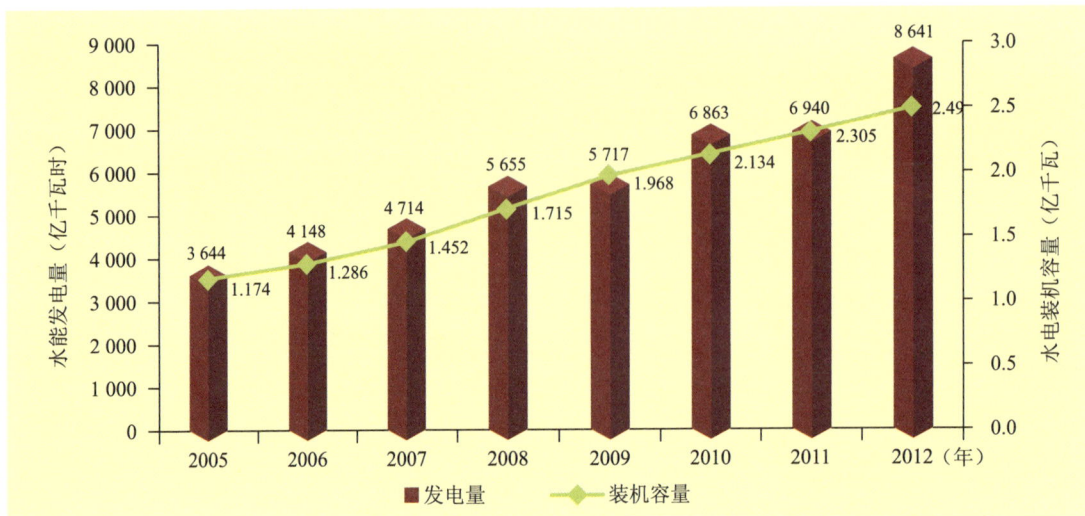

数据来源：2005~2011年的数据来自《中国新能源与可再生能源统计年鉴2012》，2012年的数据来自中电联发布的《2012年全国电力工业运行简况》。

中国水电在进入 21 世纪后发展加快，尤其是"十一五"期间，新增装机量以年均 13% 的速度增长。截至 2012 年底，总装机容量达到 2.49 亿千瓦，约占全国电力的 22%，全年发电量从 2005 年的 3 644 亿千瓦时增长到 2012 年的 8 641 亿千瓦时，2012 年约占全国发电量的 17%。中国水电技术已迈入世界先进行列，进入大电站、大机组、高电压、自动化、信息化的新时代。

2005~2012年中国核能装机容量与发电量

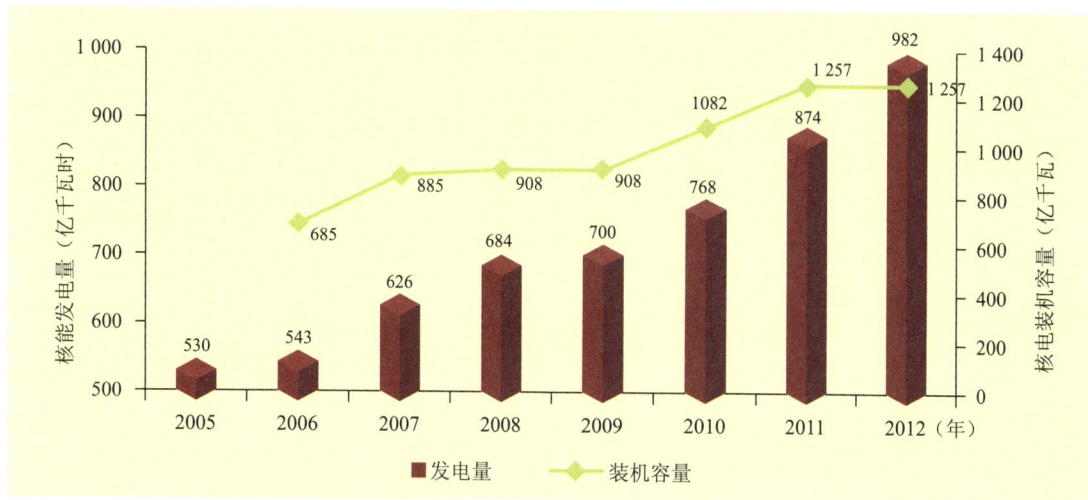

数据来源：根据历年《中国电力工业统计快报》整理得到。

最近几年，中国核能装机容量和发电量都在持续增加。随着中国核电技术的进一步发展，中国政府 2009 年提出要努力提高核电的装机比例，目前正在加强沿海地区核电发展，科学规划内陆地区核电建设，力争 2020 年核电占电力总装机的比例达到 5% 以上。截至 2012 年底，全国全口径发电装机容量 11.44 亿千瓦，其中，核电 1 257 万千瓦，同比增长 5.5%；全年核能发电量达到 982 亿千瓦时，占比 2%。

2006~2012年中国风电并网装机容量与发电量

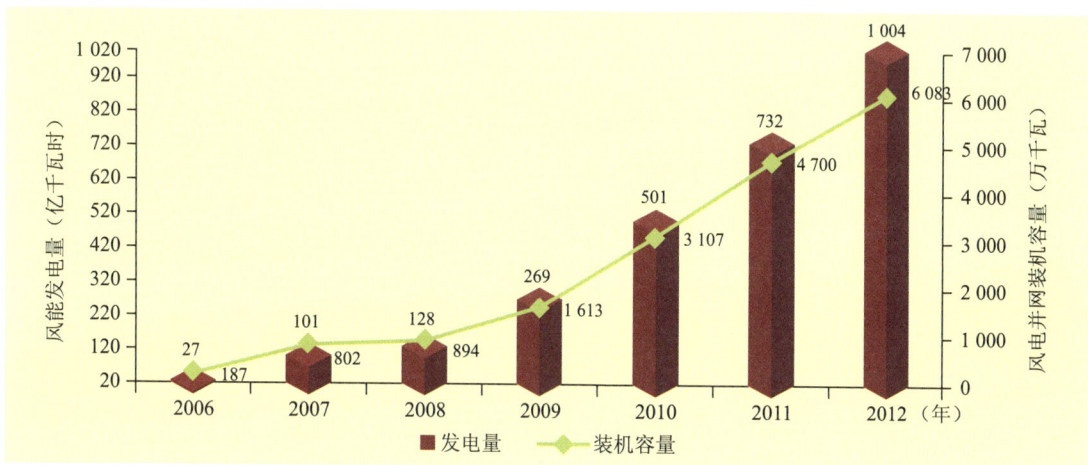

数据来源：根据历年《中国电力工业统计快报》整理得到。

　　自 2010 年以来，中国风电始终保持全球新增装机容量第一的位置。2010 年之前，中国风电并网装机和发电量连续 4 年快速增长。2010 年底，中国大陆累计风电装机容量达到全球第一位。2011 年起，中国风电并网装机和发电量增速趋缓。2012 年，中国风电并网装机容量达到 6 083 万千瓦，同比增长 30%；全年风能发电量 1 004 亿千瓦时，占比 2%，风电已超过核电成为继煤电和水电之后的第三大主力电源。依据国家能源局 2013 年工作会议确定的目标，2013 年中国将新增风电并网装机容量 1 800 万千瓦。

中国能源消费的特点、分布及其与经济的关系

　　中国已成为全球最大的能源消费国，根据国家发改委的数据，2012年中国一次能源消费总量达到36.2亿吨标准煤，比2011年增长4%。随着经济持续增长和人民生活水平提高，预计2020年中国的能源需求总量将达到50亿吨标准煤。

中国近些年煤炭消费量呈现何种变化趋势？

中国煤炭消费量及其占一次能源消费量的比重

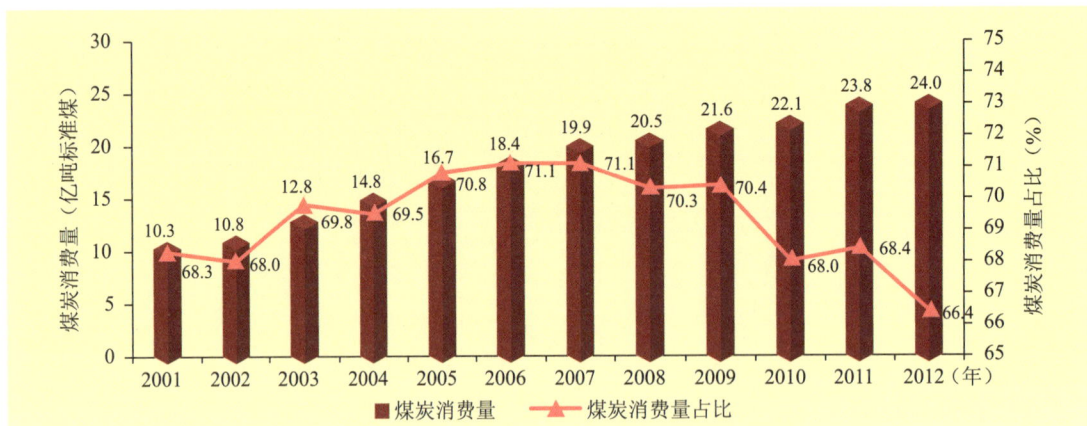

数据来源：根据《中国统计年鉴2012》、国家发改委报告整理得到。

中国煤炭消费量总体呈上升趋势，其在一次能源消费量中虽然仍占主导地位，但近些年占比不断走低。从2001年开始，中国国民经济快速发展，第二产业特别是重工业、电力、冶金、建材产量的大幅度增长，极大地拉动了煤炭需求，煤炭消费量大幅增加。煤炭是中国的主要能源消费品种，在一次能源消费总量中的占比维持在65%~75%。尽管受国家节能减排政策影响，煤炭消费占比有所下降，但中国的资源禀赋特征决定了在未来几十年内，中国以煤炭为主的能源消费格局仍难以撼动。

中国近些年石油消费量具有何种增长态势？

中国石油消费量及其占一次能源消费量的比重

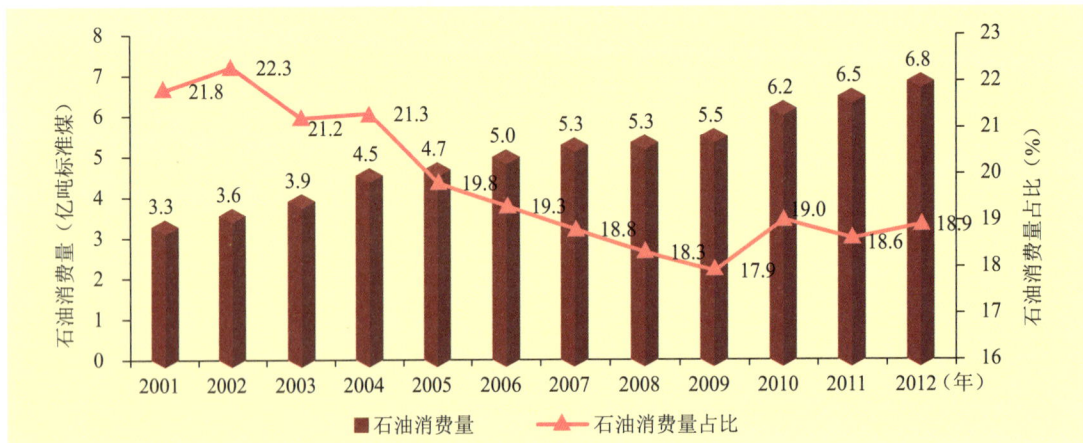

数据来源：根据《中国统计年鉴2012》、国家发改委报告整理得到。

2001年以来，中国石油消费量急剧攀升，2012年中国石油消费量是2001年的2.1倍。而且，2011、2012年中国石油消费量在一次能源消费中所占的比重分别为18.6%、18.9%，而2011年世界各国石油消费量在一次能源消费量中的占比平均为33.1%，可见中国与世界平均水平的差距还较大。

中国近些年天然气消费量增长趋势如何？

中国天然气消费量及其占一次能源消费量的比重

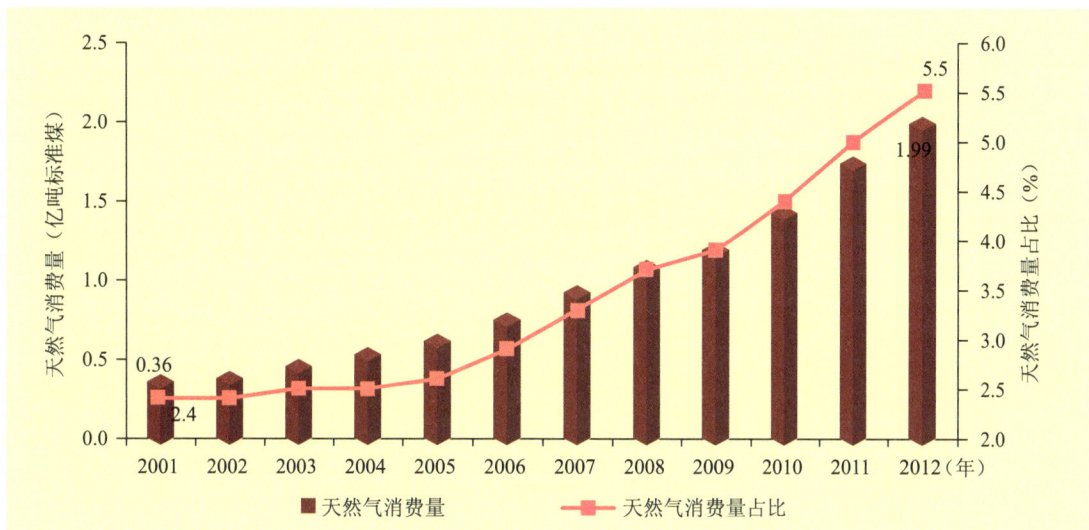

数据来源：根据《中国统计年鉴2012》、国家发改委报告整理得到。

2001年以来，中国天然气消费量快速增长。到2012年，中国天然气表观消费量达到1 471亿立方米，同比增长13.0%。2001~2012年，中国天然气消费量增长了4.5倍，天然气消费量在一次能源消费量中所占的比重从2001年的2.4%增长到了2012年的5.5%。

2012年世界主要天然气消费国及其占比

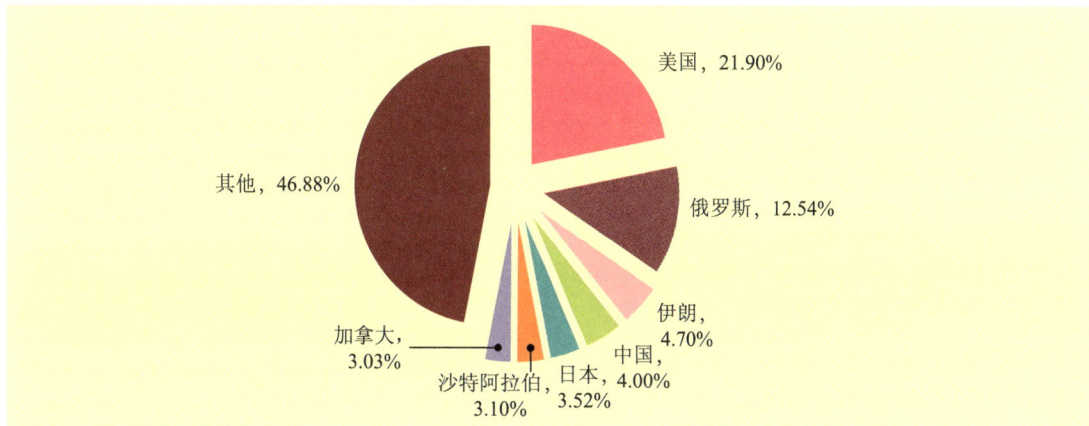

数据来源：《BP世界能源统计年鉴2013》。

从 2012 年世界天然气消费分布来看，中国天然气消费量仅占全球天然气消费总量的 4% 左右，相对于中国目前能源消费量居全球首位、占全球总量的 22% 而言，天然气的消费比重还处于相对较低的水平。事实上，中国天然气在能源消费总量中的占比远低于世界平均水平（24%）。

2012 年 12 月 3 日，国家发改委发布《天然气发展"十二五"规划》，预计到 2015 年中国天然气消费量将达到 2 300 亿立方米；用气普及率将进一步提高，到 2015 年中国城市和县城天然气用气人口数量约达到 2.5 亿，约占总人口的 18%；而且，天然气在一次能源消费中的占比将提高到 7.5%。

中国能源消费总量的区域分布存在何种特征？

2010年中国各地区的能源消费量

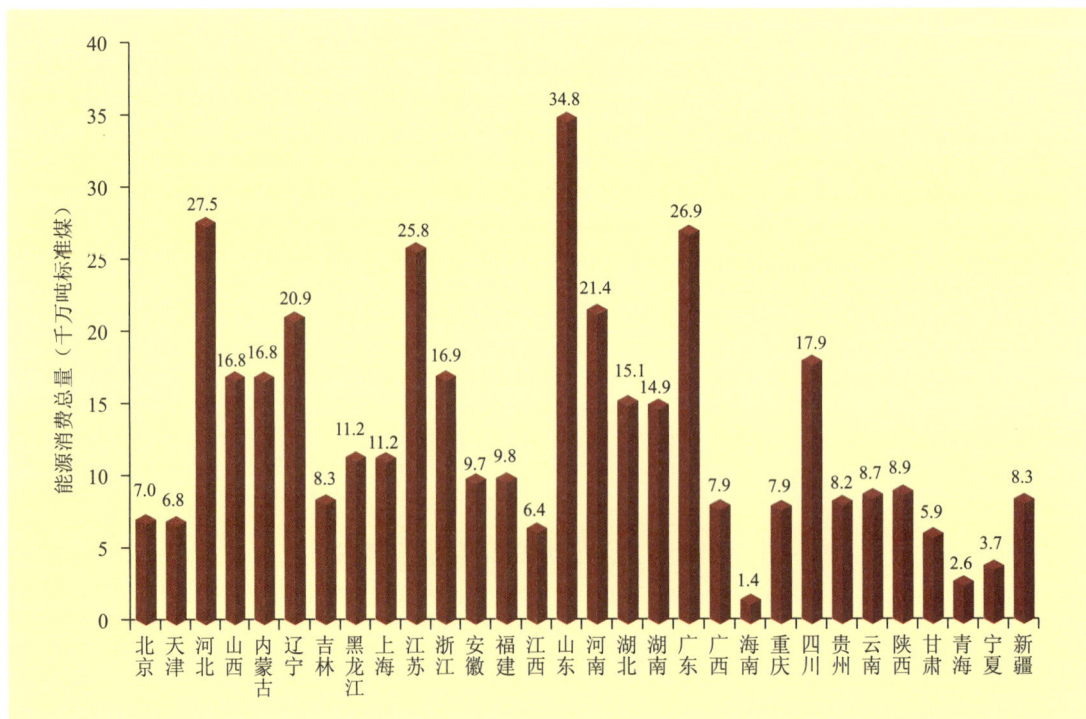

注：不含西藏和港澳台数据。

数据来源：《中国能源统计年鉴 2011》。

中国能源消费量的区域分布显著不平衡。中国能源消费量超过或接近 2 亿吨标准煤的能源消费大省（河北、广东、山东、辽宁、江苏、河南等）的能源消费量合计约占全国能源消费总量的 40%；西部地区（广西、内蒙古、重庆、四川、云南、贵州、陕西、甘肃、青海、宁夏、新疆）能源消费量仅为中国能源消费总量的 24% 左右。其中河北、广东、山东、辽宁、江苏等省的能源消费量是海南省能源消费量的 20 倍以上，是青海、宁夏的 10 倍。

中国能源消费主要分布在东部沿海地区，如河北、广东、山东、辽宁、江苏等省的能源消费量均占全国能源消费总量的 5% 以上，中部的河南的能源消费量也占到 5% 以上；能源消费占全国的比重不足 3% 的地区主要分布在西部，如青海、宁夏、广西、甘肃、重庆、新疆、陕西、云南及中东部的部分地区（天津、福建、江西、海南）。

2010年中国各地区能源消费量占全国能源消费总量的比重

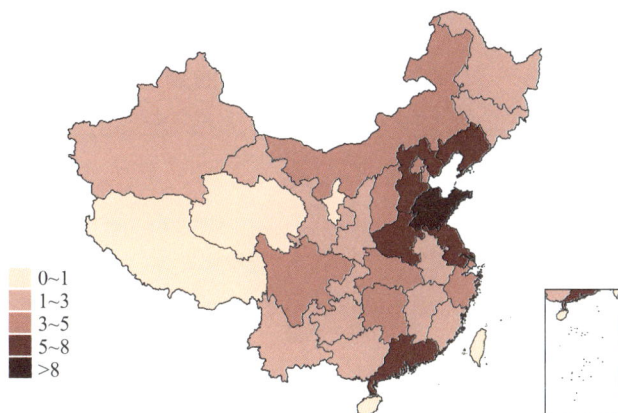

注：不含西藏和港澳台数据，单位为 %。

数据来源：《中国能源统计年鉴 2011》。

中国各种能源消费的区域分布如何？存在哪些差异？

通过分析各区域煤炭、石油、天然气、电力消费占全国同类能源消费的比重可知，煤炭、石油、天然气、电力消费占全国能源消费的比重在空间区域分布上差异显著，例如，煤炭消费大省不一定是石油消费大省。

2010年各地区煤炭消费量占全国消费总量的比重

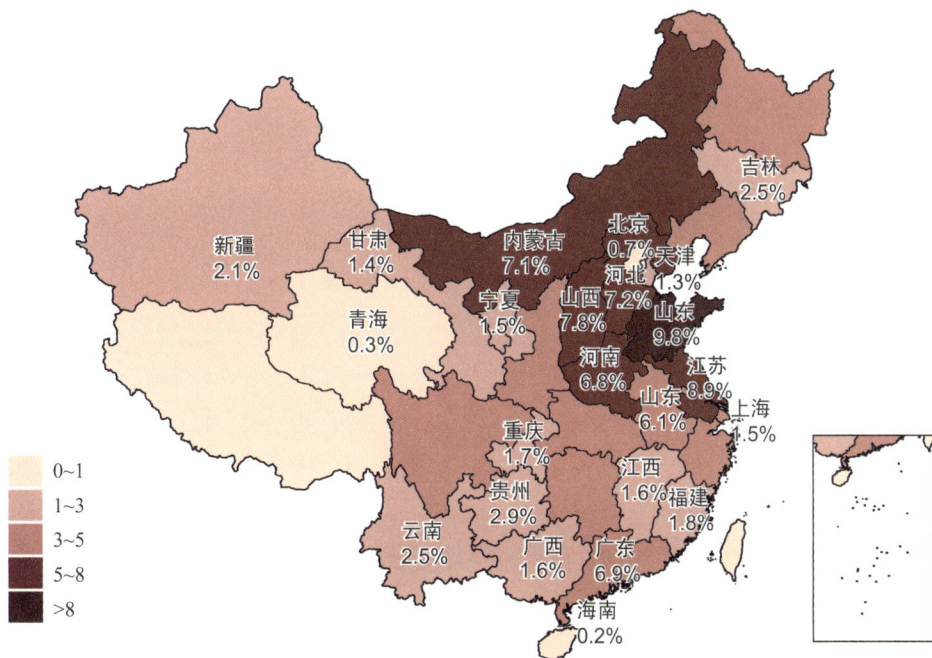

注：不含西藏和港澳台数据，单位为 %。

数据来源：《中国能源统计年鉴 2011》。

从煤炭消费量占全国比重分级图看出，2010年煤炭消费大省主要分布在东北、东部及中部部分地区；西部、西南地区的煤炭消费比例较小。

2010年各地区石油消费量占全国消费总量的比重

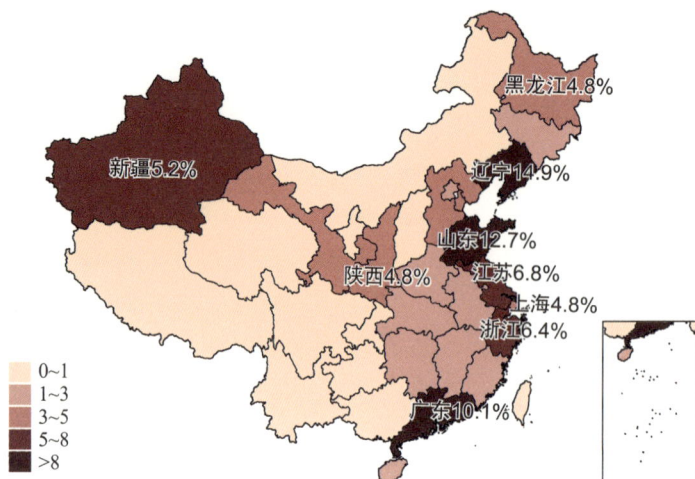

黑龙江4.8%
新疆5.2%
辽宁14.9%
山东12.7%
陕西4.8%
江苏6.8%
上海4.8%
浙江6.4%
广东10.1%

0~1
1~3
3~5
5~8
>8

注：不含西藏和港澳台数据，单位为%。

数据来源：《中国能源统计年鉴2011》。

石油的消费大省集中在东部沿海地区，如辽宁、山东、江苏、浙江、广东等，这些地区也是中国的经济大省。而除新疆外，其他西部地区的石油消费量占比较低。

2010年各地区天然气消费量占全国消费量的比重

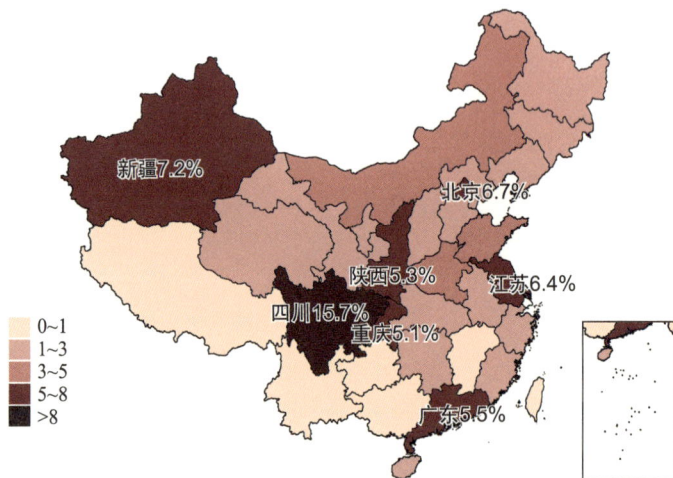

新疆7.2%
北京6.7%
陕西5.3%
江苏6.4%
四川15.7%
重庆5.1%
广东5.5%

0~1
1~3
3~5
5~8
>8

注：不含西藏和港澳台数据，单位为%。

数据来源：《中国能源统计年鉴2011》。

天然气的消费大省主要分布在中西部地区，如四川的天然气消费量占全国的15.7%，新疆占7.2%，陕西占5.3%，重庆占5.1%。东部的北京、江苏和广东地区的天然气消费占比也相对较高。

2010年各地区电力消费量占全国消费量的比重

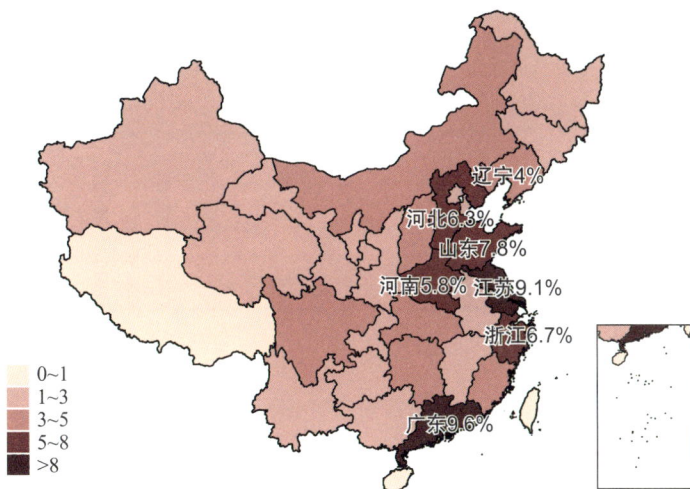

辽宁4%
河北6.3%
山东7.8%
河南5.8% 江苏9.1%
浙江6.7%
广东9.6%

注：不含西藏和港澳台数据，单位为%。

数据来源：《中国能源统计年鉴2011》。

电力消费大省主要分布在东部地区，如广东、江苏、浙江、山东、河北、河南、辽宁等，它们的电力消费量几乎占到全国电力消费总量的一半。

综合起来，还可以发现，山西是煤炭消费大省，辽宁是石油消费大省，山东是石油、煤炭消费大省，广东、浙江是石油、电力消费大省，河北、江苏、河南是煤炭、电力消费大省。

2010年各地区煤炭和石油消费占比

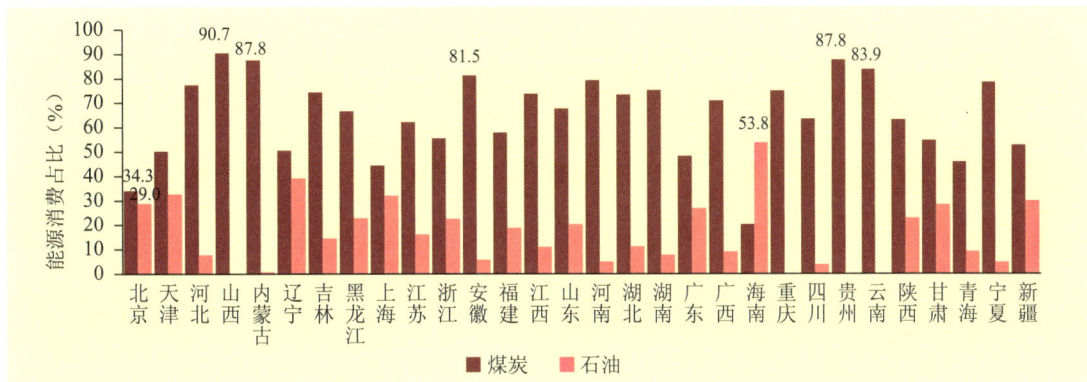

注：不含西藏和港澳台数据。

数据来源：《中国能源统计年鉴2011》。

中国大部分地区的能源消费结构以煤炭为主。很多地区的能源消费对煤炭的依赖程度超过70%，有些地区甚至超过80%，如山西、内蒙古、贵州、安徽、云南，其中山西省能源消费对煤炭的依赖程度高达90%。这种过度依赖煤炭的能源消费结构造成了严重的环境污染问题，是不可持续的能源消费方式。山东、黑龙江、四川、陕西、江苏等的能源消费结构中煤炭占60%左右，而福建、浙江、甘肃、新疆、辽宁、天津的能源消费结构中煤炭占50%左右。

2010年各地区的天然气和电力消费占比

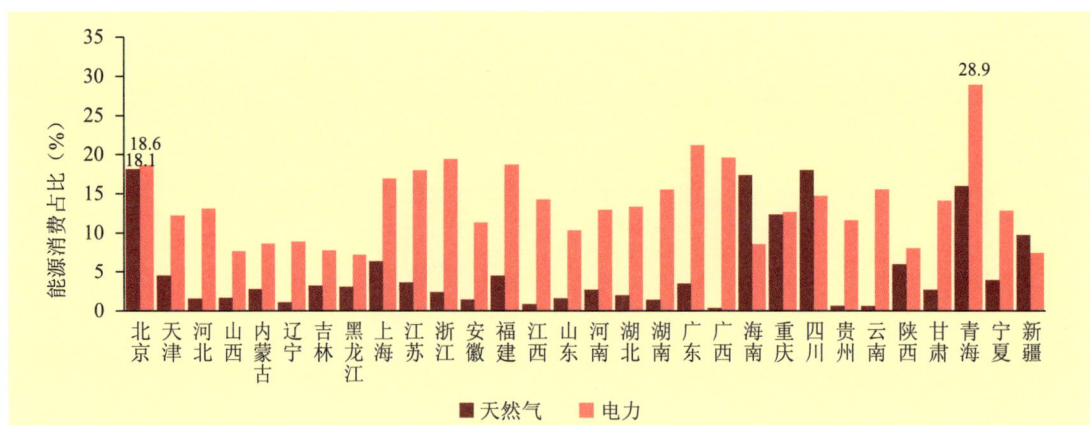

注：不含西藏和港澳台数据。

数据来源：《中国能源统计年鉴2011》。

　　各地区天然气消费量占其能源消费总量的比重普遍相对较低，22个地区的天然气消费占比低于5%，但北京、四川、海南、青海、重庆的天然气消费占比超过10%。此外，青海、广东、广西、浙江、福建、北京等地区的电力消费占比相对较高，但也不足30%。

中国近些年的能源消费量主要分布在哪些行业？

1994~2010年中国各产业部门的能源消费占比

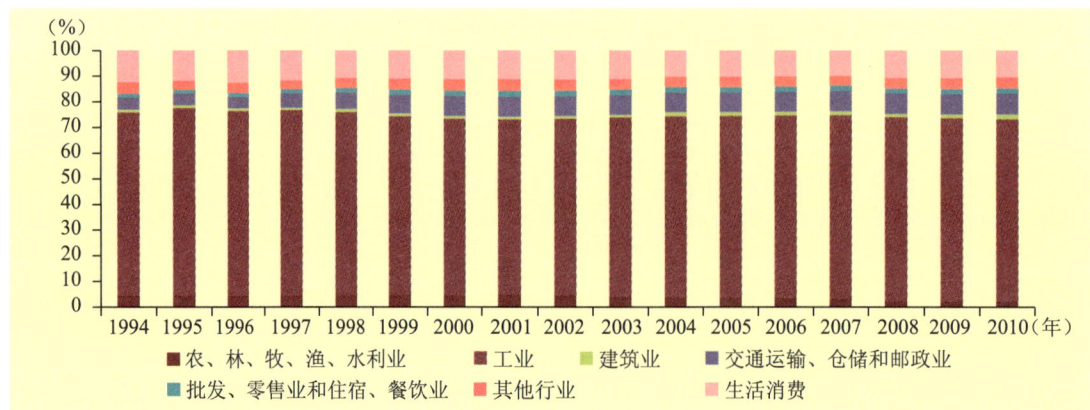

数据来源：历年《中国能源统计年鉴》。

　　1994~2010年，中国国民经济各行业能源消费中，工业部门的能源消费占比较大，维持在70%左右，居民生活耗能次之。农、林、牧、渔、水利业的能源消费占比逐渐下降，从1994年的4.2%降到2010年的2%；交通运输业的能耗占比总体呈上升趋势，从1994年的4.6%上升到2010年的8.0%，随着全面建设小康社会进程加速，中国家庭轿车保有量将迅速增长，交通部门的能源消费占比预计还将进一步提高。

中国工业部门的能源消费主要集中于哪些行业？

1999~2010年工业部门内部主要行业的能耗占比

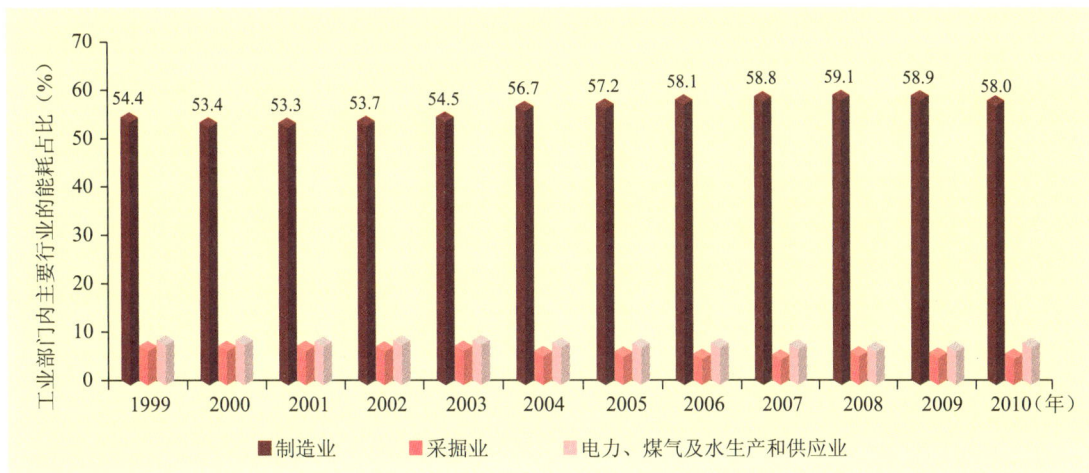

数据来源：历年《中国能源统计年鉴》。

在工业部门内部，制造业的能源消费量最大，而且一直占全国能源消费总量的50%以上。电力、煤气及水生产和供应业的能耗占比略高于采掘业，但两者都不足10%。

1994~2010年中国制造业内主要行业的能耗占比

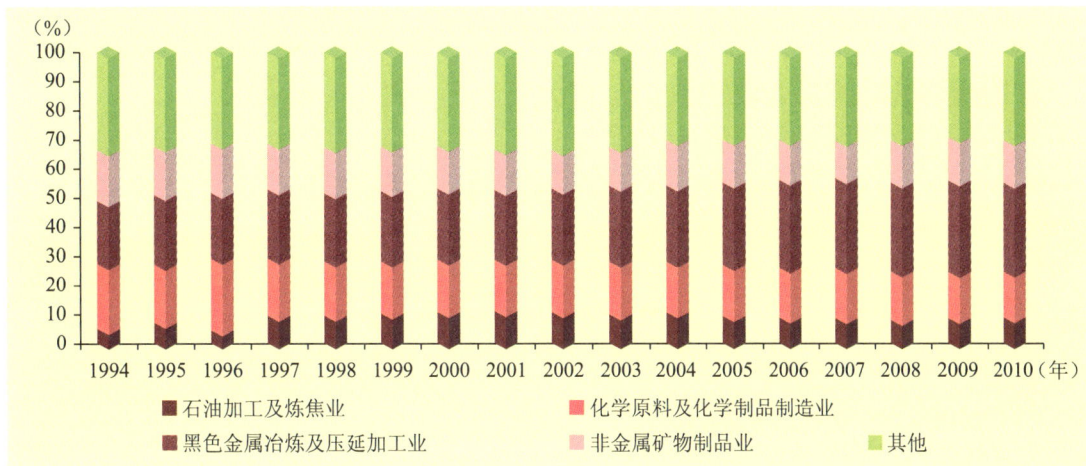

数据来源：历年《中国能源统计年鉴》。

在制造业内部，石油加工及炼焦业、化学原料及化学制品制造业（化学工业）、黑色金属冶炼及压延加工业（钢铁工业）、非金属矿物制品业（建材工业）的能源消费比重较大，2010年分别占制造业能源消费量的8.8%、15.8%、30.5%、14.7%，能源消费量分别为1.66亿、2.97亿、5.75亿、2.77亿吨标准煤。可见，钢铁工业是最主要的耗能部门。2011年，中国钢铁工业耗能占全国总能耗的16.3%，污染物排放占11%。"十二五"期间，钢铁工业仍是国家节能减排工作的重点部门。

第三章

中国的居民生活能源消费在能源消费总量中占多大比重？

2001~2010年居民生活能源消费及其占全国能源消费总量的比重

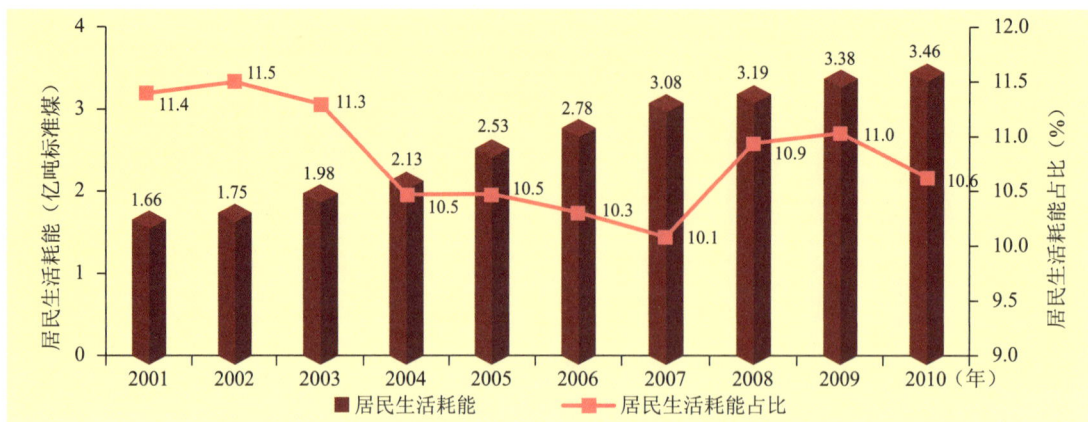

数据来源：历年《中国能源统计年鉴》。

在中国，居民部门是仅次于工业部门的第二大能源消费部门。随着经济持续快速发展，中国城乡人民生活日益富裕，居民生活能源消费量也出现了较快增长，生活能源消费量从1990年的1.58亿吨标准煤，增长到2001年的1.66亿吨标准煤及2010年的3.46亿吨标准煤。但是，近些年居民生活能源消费在全国能源消费总量中的比例总体上呈下降趋势，从1990年的16%下降到2001年的11.4%及2010年的10.6%。

中国的能源消费总量与经济增长呈现何种协同趋势？

1978~2012年中国经济总量和能源消费量

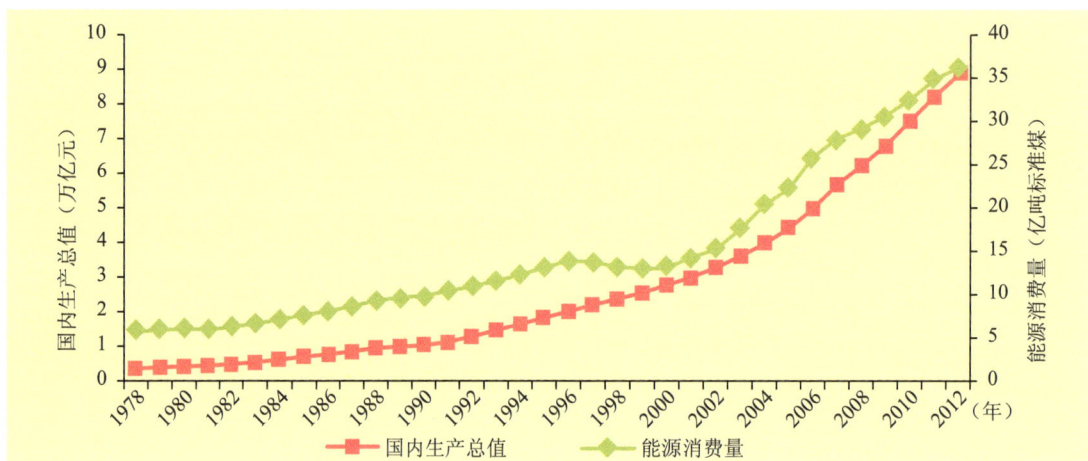

注：国内生产总值（GDP）为1978年可比价。

数据来源：根据《中国统计年鉴2012》及国家发改委有关报告整理而得。

中国是全球最大的发展中国家，1978 年改革开放以来，中国的经济总量和能源消费量都出现了较大幅度的增长。国内生产总值（GDP）由 1978 年的 3 645 亿元增长到 2012 年的 8.8 万亿元（按 1978 年可比价），增长了 23 倍；能源消费量由 1978 年的 5.71 亿吨标准煤增长到 2012 年的 36.2 亿吨标准煤，增长了 5 倍。

中国大力推进节能增效，效果明显。1978~2012 年，中国能源消费以年均 5.6% 的增长，支撑了国民经济年均 9.8% 的增长，万元国内生产总值的能耗即能源强度累计下降 70% 以上。

中国第一产业的能源消费与其经济增长存在何种关系？

1994~2010年中国第一产业GDP及其能源消费量

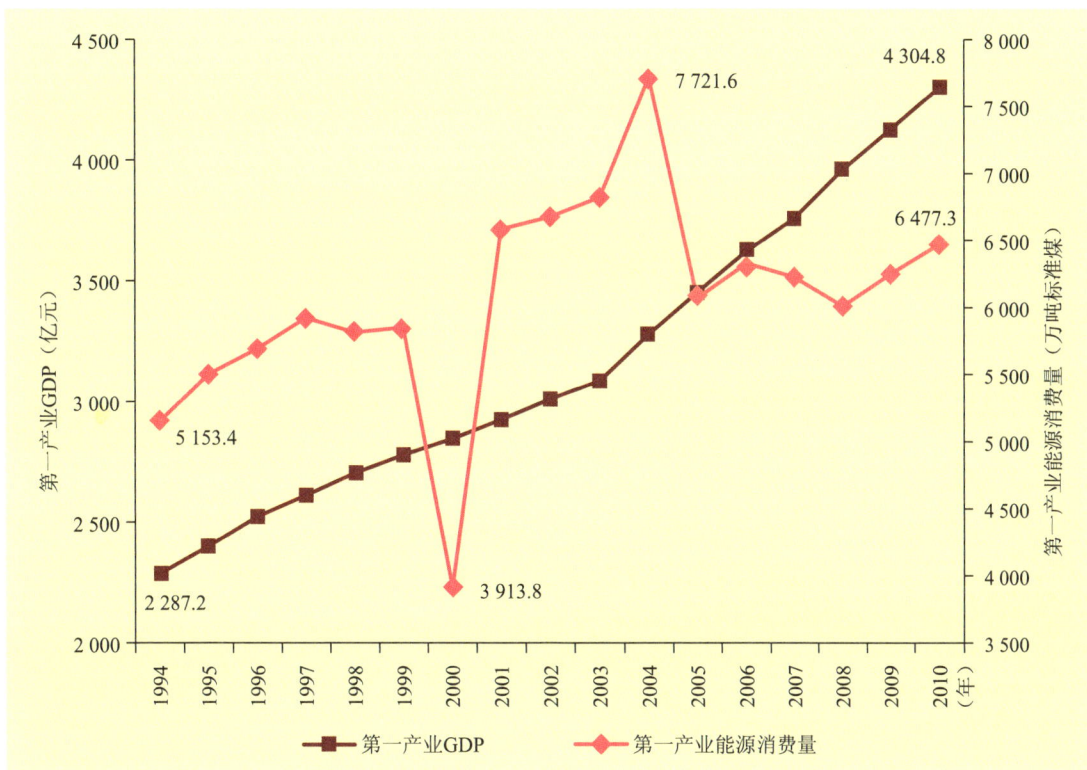

注：GDP 为 1978 年可比价。

数据来源：根据历年《中国能源统计年鉴》及《中国统计年鉴》整理得到。

1994~2010 年，中国第一产业的 GDP 缓慢稳步上升，从 1994 年的 2 287 亿元增长到 2010 年的 4 305 亿元，年均增长率为 4.03%。相比之下，第一产业能源消费量先升后降，变化幅度较大，1994~2004 年，第一产业能源消费量从 5 153 万吨标准煤提高到 7 722 万吨标准煤，然后一路下滑至 2010 年的 6 477 万吨标准煤。第一产业 GDP 与其能源消费量之间的皮尔森相关系数为 0.398，说明两者存在正相关关系，但相关程度较弱。

中国第二产业、第三产业的能源消费与其经济增长存在何种关系？

1994~2010年中国第二产业GDP及其能源消费量

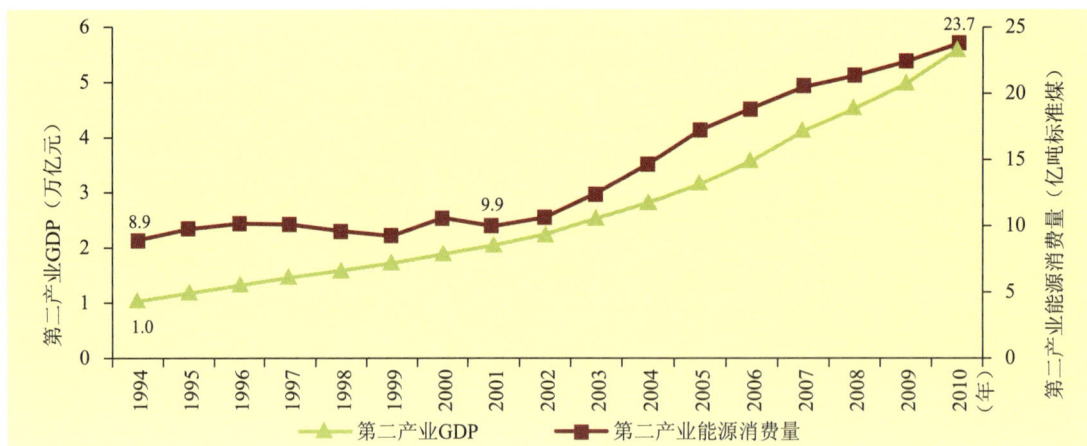

注：GDP 为 1978 年可比价。

数据来源：根据历年《中国能源统计年鉴》及《中国统计年鉴》整理得到。

1994~2010 年，第二产业的 GDP 与其能源消费量总体上都呈上升趋势，具体而言，年均增长 6.3% 的能源消费量支持了年均增长 11.1% 的第二产业 GDP。尤其是从 2002 年开始，第二产业能源消费量的增长速度加快，支撑了第二产业 GDP 的持续走高。第二产业经济增长与其能源消费量之间的皮尔森相关系数为 0.977，说明两者的正相关性非常强。

1994~2010年中国第三产业GDP及其能源消费量

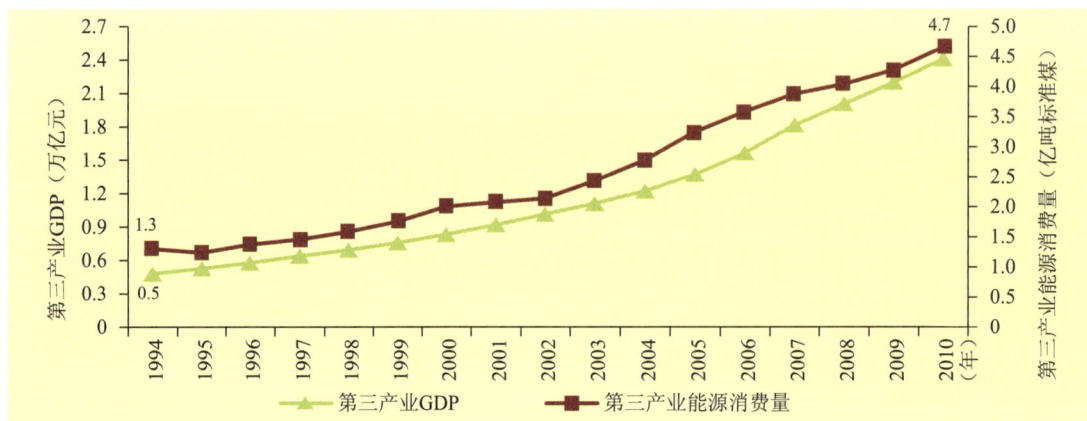

注：GDP 为 1978 年可比价。

数据来源：根据历年《中国能源统计年鉴》及《中国统计年鉴》整理得到。

1994~2010 年，第三产业能源消费量与其经济增长水平都呈稳步上升态势，两者的年均增长率分别为 10.6% 和 8.3%。第三产业能源消费量与其经济增长之间的皮尔森相关系数为 0.991，高度正相关。

在中国快速上升的能源消费中，三种产业分别扮演了什么角色？

1978~2012年中国三种产业GDP的变化趋势

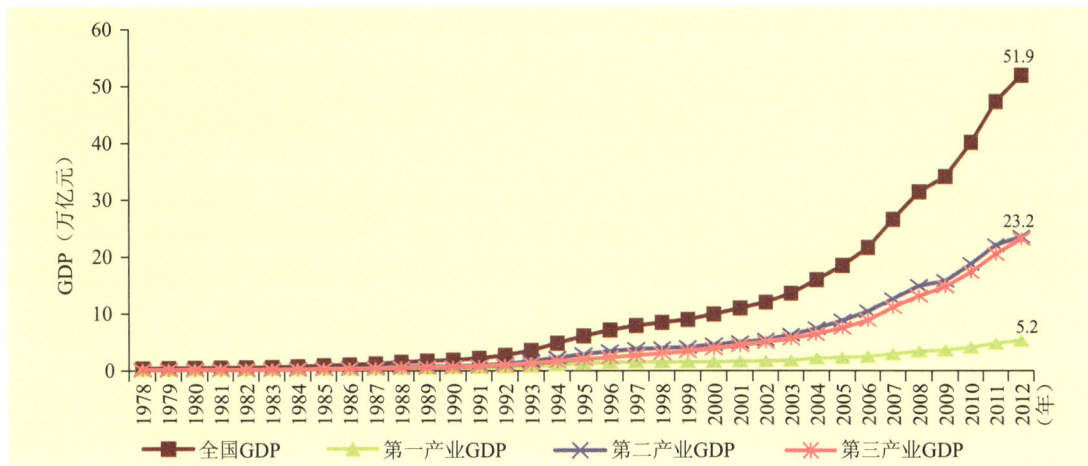

注：各种 GDP 均为名义价格。

数据来源：根据《中国统计年鉴 2012》和国家统计局报告整理得到。

1978~2012 年，中国经济总量持续增长。特别是在 1994 年后，中国加快社会主义市场经济建设，GDP 年均增长率上升，尤其是第二产业、第三产业发展迅速。

1978~2012年中国三种产业结构的变化趋势

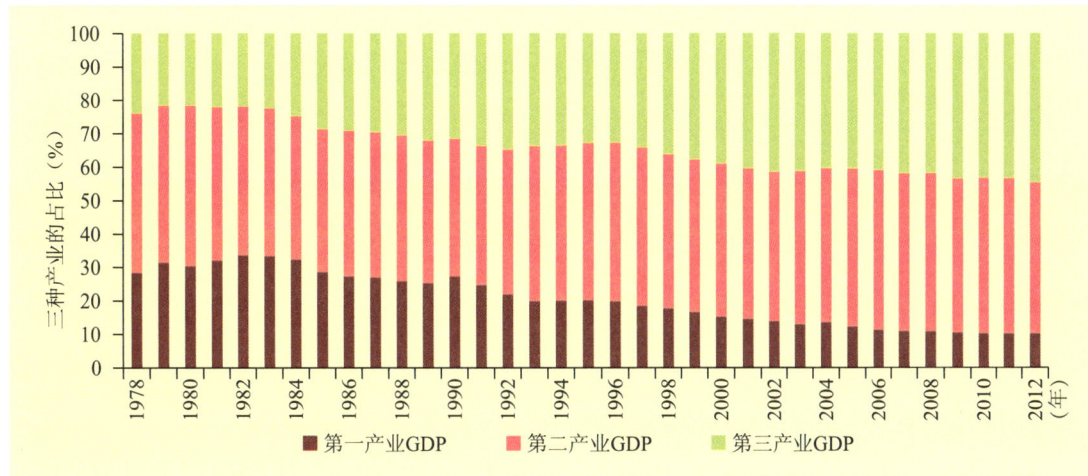

数据来源：根据《中国统计年鉴 2012》和国家统计局报告整理得到。

在中国产业结构布局方面，改革开放以来，第一产业的比重基本上持续下降；第二产业的比重相对稳定，近些年有所下滑，但仍是主导产业；第三产业的比重稳步上扬，目前已接近第二产业的比重。2012 年，三种产业的占比分别为 10%、46.4% 和 43.4%。与发达国家相比，二产比重过高，三产比重过低。

第三章

1994~2010年中国三种产业能源消费量的变化趋势

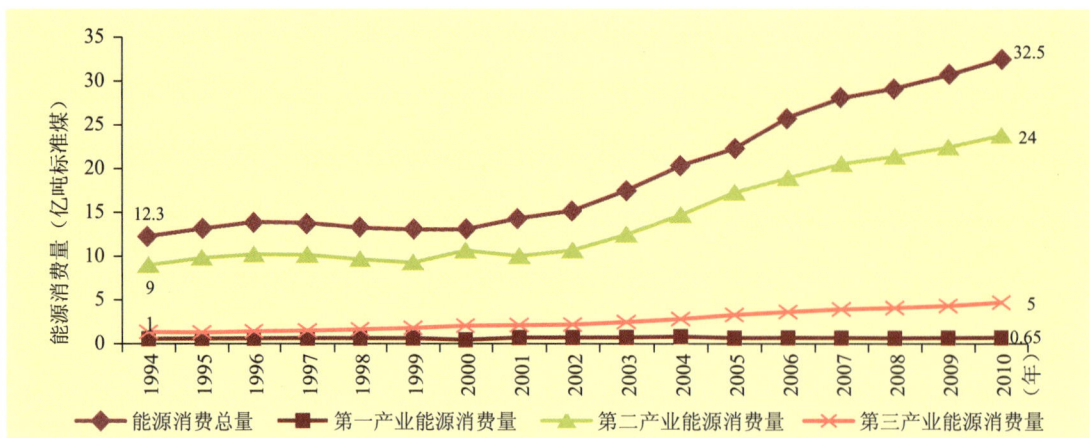

数据来源：根据《中国能源统计年鉴2011》整理得到。

1994~2010年，中国能源消费总量的上升主要受第二产业能源消费量急剧攀升驱动，第三产业能源消费量有上升但幅度较小，而第一产业的能源消费量基本保持稳定。

"十一五"期间中国的节能目标完成情况如何？

"十一五"各地区节能目标完成情况表

地区	2005年		2010年	
	单位GDP能耗（吨标准煤/万元）	"十一五"时期计划降低（%）	单位GDP能耗（吨标准煤/万元）	比2005年降低（%）
北京	0.792	20.00	0.582	26.59
天津	1.046	20.00	0.826	21.00
河北	1.981	20.00	1.583	20.11
山西	2.890	22.00	2.235	22.66
内蒙古	2.475	22.00	1.915	22.62
辽宁	1.726	20.00	1.380	20.01
吉林	1.468	22.00	1.145	22.04
黑龙江	1.460	20.00	1.156	20.79
上海	0.889	20.00	0.712	20.00
江苏	0.920	20.00	0.734	20.45
浙江	0.897	20.00	0.717	20.01
安徽	1.216	20.00	0.969	20.36
福建	0.937	16.00	0.783	16.45
江西	1.057	20.00	0.845	20.04
山东	1.316	22.00	1.025	22.09
河南	1.396	20.00	1.115	20.12
湖北	1.510	20.00	1.183	21.67
湖南	1.472	20.00	1.170	20.43
广东	0.794	16.00	0.664	16.42
广西	1.222	15.00	1.036	15.22

续表

地区	2005 年		2010 年	
	单位 GDP 能耗 （吨标准煤 / 万元）	"十一五"时期计划 降低（%）	单位 GDP 能耗 （吨标准煤 / 万元）	比 2005 年降低（%）
海南	0.920	12.00	0.808	12.14
重庆	1.425	20.00	1.127	20.95
四川	1.600	20.00	1.275	20.31
贵州	2.813	20.00	2.248	20.06
云南	1.740	17.00	1.438	17.41
西藏	1.450	12.00	1.276	12.00
陕西	1.416	20.00	1.129	20.25
甘肃	2.260	20.00	1.801	20.26
青海	3.074	17.00	2.550	17.04
宁夏	4.140	20.00	3.308	20.09
新疆	另行考核			

注：西藏数据由西藏自治区政府提供。

数据来源：国家发改委、国家统计局公告（2011 年第 9 号）。

节约能源、大幅度降低能源强度是保障能源安全的首要途径。"十一五"期间（2006~2010年），中国单位国内生产总值能耗降低 19.1%，基本完成了"十一五"规划纲要确定的 20% 的约束性目标。扭转了"十五"后期单位国内生产总值能耗和主要污染物排放总量大幅上升的趋势，为保持经济平稳较快发展提供了有力支撑，为应对全球气候变化作出了重要贡献。从各地区看，除新疆另行考核外，全国其他地区都完成了"十一五"期间国家下达的节能目标任务，其中有 28个地区超额完成。

中国近些年采取哪些重大节能行动和节能工程？成效如何？

（1）千家企业节能行动

2006 年，为了加强重点耗能企业节能管理，国家发改委、原国家能源办等部委联合下发通知，组织开展"千家企业节能行动"，目标是"十一五"期间节能 1 亿吨标准煤左右。

千家企业所在的9大重点耗能行业

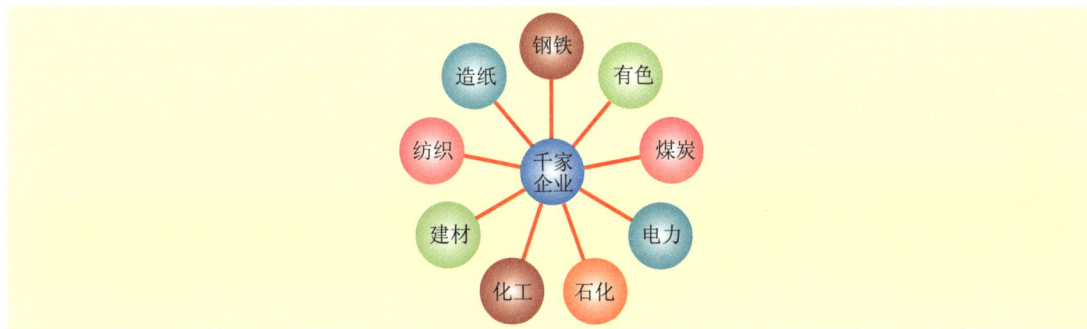

注：千家企业是指钢铁、有色、煤炭、电力、石油石化、化工、建材、纺织、造纸等 9 个重点耗能行业规模以上独立核算企业，2004 年综合能源消费量达到 18 万吨标准煤以上企业共 1 008 家。它们的能源消费量占工业能源消费量的一半，占全国能源消费量的1/3。

第三章

"千家企业节能行动"取得了显著成效。国家发改委数据显示，"十一五"期间，千家企业单位氧化铝综合能耗、乙烯生产综合能耗、烧碱生产综合能耗等指标下降了30%以上，单位原油加工综合能耗、电解铝综合能耗、水泥综合能耗等指标下降了10%以上，供电煤耗下降近10%，部分企业的指标达到了国际先进水平。"十一五"期间千家企业实现节能1.5亿吨标准煤，超额完成1亿吨标准煤的节能目标任务。

（2）十大重点节能工程

十大重点节能工程

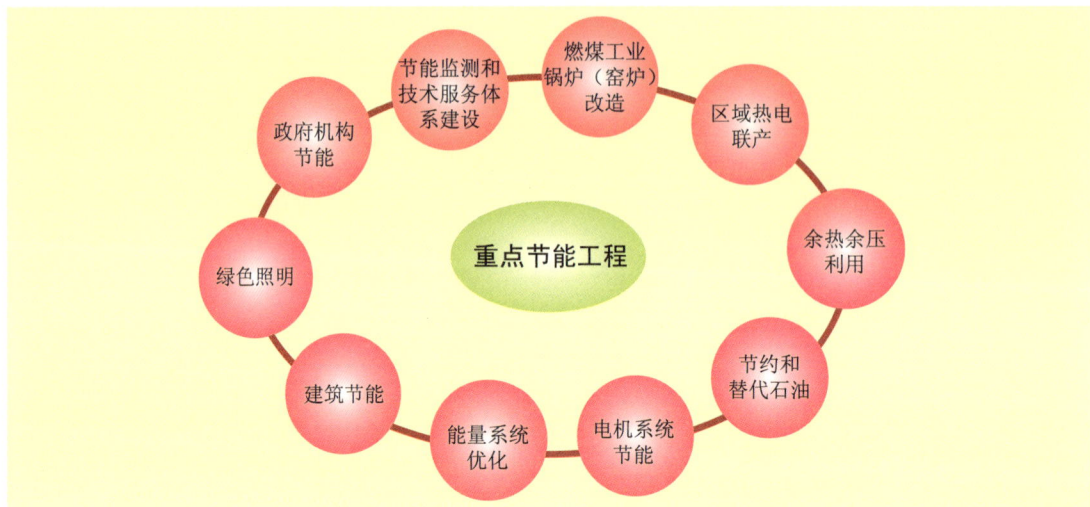

2006年，国家发改委对外发布了《"十一五"十大重点节能工程实施意见》。十大重点节能工程的目标是在"十一五"期间实现节能2.4亿吨标准煤，对单位GDP能耗降低目标的贡献率近40%。

十大重点节能工程的经济和社会效益

经济和社会效益	具体体现
大幅度提高了能源利用效率	2010年与2005年相比，火电供电煤耗由370克标准煤/千瓦时降到333克标准煤/千瓦时，下降了10.0%
	吨钢综合能耗由694千克标准煤降到605千克标准煤，下降了12.8%
	水泥综合能耗下降了24.6%
	乙烯综合能耗下降了11.6%
	合成氨综合能耗下降了14.3%
促进了先进节能技术的推广应用	2010年与2005年相比，钢铁行业干熄焦技术普及率由不足30%提高到80%以上
	水泥行业低温余热回收发电技术由开始起步提高到55%
	烧碱行业离子膜法烧碱比重由29.5%提高到84.3%
	新型阴极铝电解槽、高压变频、稀土永磁电机、等离子无油点火等一大批高效节能技术和产品得到普遍应用
促进了节能环保产业发展	高效照明产品、家用电器、电机、新型节能墙材等节能设备和产品的市场规模得到大幅度提升，节能环保装备的研发和制造水平显著提高

十大重点节能工程的实施取得了良好的经济和社会效益。资料显示，针对这十大重点节能工程，中央和省级地方财政都设立了节能专项资金，对节能改造实行投资补助和财政奖励，有力推动了十大重点节能工程的实施，共形成节能能力 3.4 亿吨标准煤。中央预算内投资安排 80 多亿元、中央财政节能减排专项资金安排 220 多亿元，共支持了 5 200 多个重点节能工程项目，形成节能能力 1.6 亿吨标准煤。

（3）万家企业节能低碳行动

各地区"十二五"万家企业节能目标

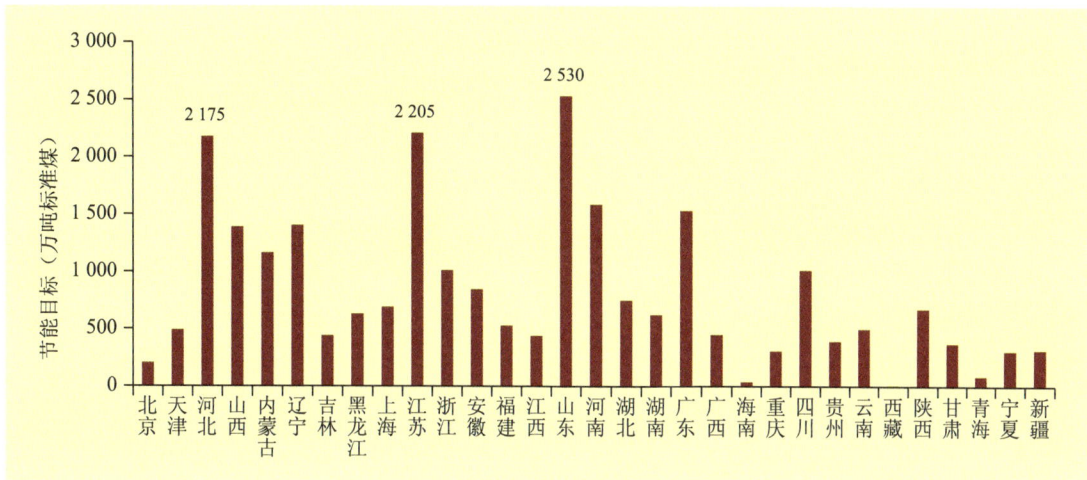

注：万家企业是指年综合能源消费量 1 万吨标准煤以上及有关部门指定的年综合能源消费量 5 000 吨标准煤以上的重点用能单位。

数据来源：根据《国务院关于印发"十二五"节能减排综合性工作方案的通知》中的各地区"十二五"万家企业节能目标整理而得。

为贯彻落实"十二五"规划纲要，推动重点用能单位加强节能工作，强化节能管理，提高能源利用效率，2012 年 5 月，国家发改委等 12 个部门制定了《万家企业节能低碳行动实施方案》，主要目标是：万家企业节能管理水平显著提升，长效节能机制基本形成，能源利用效率大幅度提高，主要产品（工作量）单位能耗达到国内同行业先进水平，部分企业达到国际先进水平。"十二五"期间，万家企业实现节约能源 2.5 亿吨标准煤。

中国建筑行业和交通运输行业"十一五"期间的节能成就如何？

（1）建筑行业"十一五"期间实现节能 1 亿吨标准煤

建筑能耗指的是建筑在使用过程中所消耗的能源，主要有以下几部分：一是采暖空调能耗，大约占建筑总能耗的 65% 左右，占主要部分；二是照明、炊事、家电等方面的能耗。

目前建筑能耗占中国全社会终端能耗的比例约为 27.5%。从发达国家的情况看，建筑能耗一般要占到全社会终端能耗的 40% 以上。随着中国城镇化进程进一步发展，建筑总量将不断增加，建筑能耗总量和占全社会能耗比例都将持续增加。"十一五"期间，中国建筑行业实现了节约 1 亿吨标准煤能源的目标任务。

第三章

建筑节能"十一五"期间主要指标完成情况

指标	规划指标	完成情况
新建建筑节能	施工阶段执行节能强制性标准的比例达到95%以上	施工阶段执行节能强制性标准的比例为95.4%
低能耗、绿色建筑示范项目	30个	实施了217个绿色建筑示范工程，113个项目获得了绿色建筑评价标识
北方采暖地区既有居住建筑供热计量及节能改造	1.5亿平方米	1.82亿平方米
大型公共建筑节能运行管理与改造	实施政府办公建筑和大型公共建筑节能监管体系建设	完成能耗统计33 000栋，能源审计4 850栋，公示了近6 000栋建筑的能耗状况，对1 500余栋建筑的能耗进行动态监测。在北京、天津、深圳、江苏、重庆、内蒙古、上海、浙江、贵州等9省市开展能耗动态监测平台建设试点工作。启动了72所节约型校园建设试点
可再生能源在建筑中规模化应用示范推广项目	200个	386个可再生能源建筑应用示范推广项目、210个太阳能光电建筑应用示范项目、47个可再生能源建筑应用示范城市、98个示范县
农村节能		新建抗震节能住宅13 851户，既有住宅节能改造342 401户，建成600余座农村太阳能集中浴室
墙体材料革新	产业化示范	新型墙体材料产量超过4 000亿块标砖，占墙体材料总产量的55%左右，新型墙体材料应用量3 500亿块标砖，占墙体材料总应用量的70%左右

（2）交通运输行业节能工作取得成效并部署低碳发展体系

中国交通运输业的能源消费量

分类		单位	2005年	2010年	2011年
公路	汽油	百万吨	46.08	65.45	73.35
	柴油	百万吨	54.60	79.15	91.40
铁路	柴油	百万吨	5.61	6.72	6.85
	电力	亿千瓦时	198.10	307.00	354.00
水路	柴油	百万吨	5.02	7.75	8.19
	燃料油	百万吨	7.08	14.70	15.35
民航	煤油	百万吨	9.52	16.01	16.80

注：机动车用油包括替代燃料。

数据来源：王庆一，"中国节能的成效、挑战与机遇"，《中国能源》，2013（2）。

交通运输业是全社会石油消费的主要行业，也是节能的重要领域。2005年以来，中国交通运输能源消费量大幅增长，2005~2011年，公路运输的汽油和柴油消费量分别增长59.2%和

67.4%；铁路运输的柴油消费量和用电量分别增长 22.1% 和 78.7%；水路运输的柴油和燃料油消费量分别增长 63.1% 和 116.8%；民航运输的煤油消费量增长 76.5%。2010 年，中国交通运输能源消费量占全国终端能源消费量的 14.2%。

中国交通运输业节能量

分类	单位工作量能耗（千克标准煤/万换算吨公里）			2011 年工作量（亿换算吨公里）	2010~2011 年节能量（万吨标准煤）	2005~2010 年节能量（万吨标准煤）
	2005 年	2010 年	2011 年			
公路	55.9	49.6	47.8	39 079	70	421
铁路	556	496	480	53 051	849	3 560
水路	50.8	47.2	44.9	45 499	174	457
民航	6 190	5 016	4 940	501	38	300
合计					1 131	4738

注：电气化铁路用电按发电煤耗折算标准煤，公路运输用油包括车用替代燃料。

数据来源：王庆一，"中国节能的成效、挑战与机遇"，《中国能源》，2013（2）。

过去几年，中国公路、铁路、水路和民航的单位工作量能源消费量不断下降，节能成效显著。"十一五"期间（2006~2010 年），中国公路、铁路、水路和民航的单位工作量能耗分别下降 11.3%、10.8%、7.1% 和 19.0%，实现节能量 47.4 百万吨标准煤。2010~2011 年，中国交通运输业实现节能量 11.3 百万吨标准煤。

中国"十二五"期间的主要节能任务有哪些？

"十二五"期间全国节能减排的主要目标

年份	万元 GDP 能耗（吨标准煤）	化学需氧量（万吨）	二氧化硫排放总量（万吨）	氨氮排放总量（万吨）	氮氧化物排放总量（万吨）
2015	0.869	2 347.6	2 086.4	238.0	2 046.2
2010	1.034	2 551.7	2 267.8	264.4	2 273.6

数据来源：《"十二五"节能减排综合性工作方案》。

2011 年 8 月 31 日，国务院印发《"十二五"节能减排综合性工作方案》，规定了全国节能减排的主要目标，提出万元 GDP 能耗在"十二五"期间要下降 16%。同时，也提出了各地区的节能目标，除青海、新疆、海南节能目标（10%）较低外，其他地区"十二五"期间的节能目标基本相当。

"十二五"中国各地区的节能目标

地区	单位国内生产总值能耗降低率（%）		
	"十一五"时期	"十二五"时期	2006~2015年累计
全国	19.06	16	32.01
北京	26.59	17	39.07
天津	21.00	18	35.22
河北	20.11	17	33.69
山西	22.66	16	35.03
内蒙古	22.62	15	34.23
辽宁	20.01	17	33.61
吉林	22.04	16	34.51
黑龙江	20.79	16	33.46
上海	20.00	18	34.40
江苏	20.45	18	34.77
浙江	20.01	18	34.41
安徽	20.36	16	33.10
福建	16.45	16	29.82
江西	20.04	16	32.83
山东	22.09	17	35.33
河南	20.12	16	32.90
湖北	21.67	16	34.20
湖南	20.43	16	33.16
广东	16.42	18	31.46
广西	15.22	15	27.94
海南	12.14	10	20.93
重庆	20.95	16	33.60
四川	20.31	16	33.06
贵州	20.06	15	32.05
云南	17.41	15	29.80
西藏	12.00	10	20.80
陕西	20.25	16	33.01
甘肃	20.26	15	32.22
青海	17.04	15	25.34
宁夏	20.09	15	32.08
新疆	8.91	10	18.02

注："十一五"各地区单位 GDP 能耗降低率除新疆外均为国家统计局最终公布数据，新疆为初步核实数据。

2013 年 1 月 1 日，国务院通过《能源发展"十二五"规划》，在 2015 年能源发展的主要目标中，再次提出单位 GDP 能耗比 2010 年下降 16%，并提出要实施能源消费强度和消费总量双控制，能源消费总量 40 亿吨标准煤，用电量 6.15 万亿千瓦时；能源综合效率提高到 38%，火电供电标准煤能耗下降到 323 克 / 千瓦时，炼油综合加工能耗下降到 63 千克标准油 / 吨。

中国能源市场定价机制的主要特征

　　中国能源市场定价机制改革已经多年，但各种能源品种价格改革的步伐并不一致。目前，原油和天然气基本上已经与国际市场接轨，成品油定价参考国际市场，但主要还是由国家发改委根据国内外市场情况适时适当作出调整；煤炭价格已经市场化，而电力定价主要还是由国家发改委确定，为此给发电企业造成了很大的压力。

中国的煤炭市场定价机制演变经历了哪些主要阶段？

中国煤炭价格体系历史演变

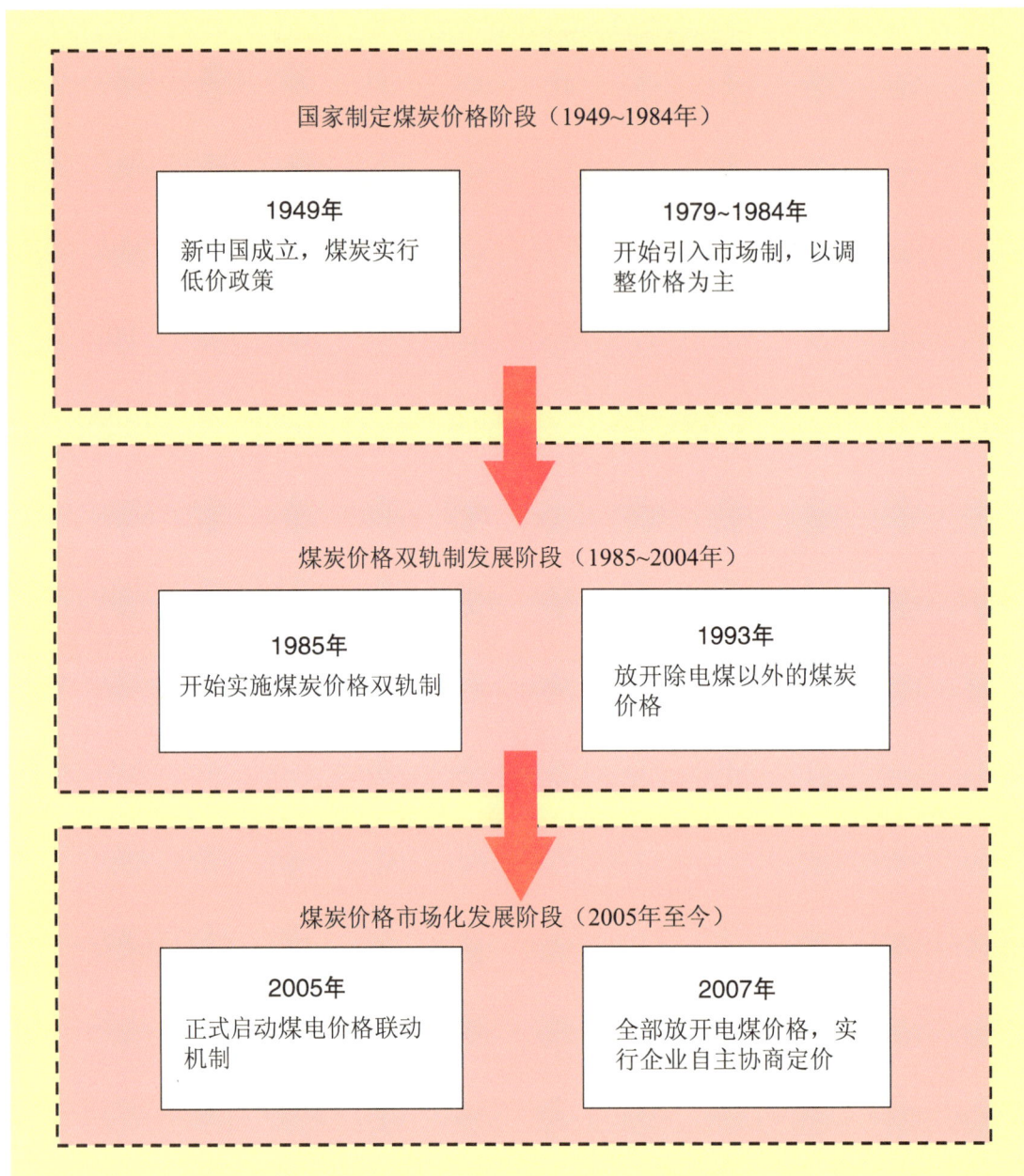

国家制定煤炭价格阶段（1949~1984年）

1949年	1979~1984年
新中国成立，煤炭实行低价政策	开始引入市场制，以调整价格为主

煤炭价格双轨制发展阶段（1985~2004年）

1985年	1993年
开始实施煤炭价格双轨制	放开除电煤以外的煤炭价格

煤炭价格市场化发展阶段（2005年至今）

2005年	2007年
正式启动煤电价格联动机制	全部放开电煤价格，实行企业自主协商定价

煤炭是关系中国国计民生的基础性、战略性资源，新中国成立后的60多年，煤炭作为中国的主要能源，有力地支撑了国民经济与社会的发展。2008年至今，在深刻总结过去煤炭订货改革成果的基础上，中国继续深化煤炭价格市场化改革方向，落实供需双方企业自主协商定价权，正在加快形成反映市场供求关系、资源稀缺程度和环境损害成本的煤炭价格体制。目前，在中国能源领域各行业中，煤炭的市场化程度最高。

中国目前有哪些主要的煤炭价格指数？

中国主要煤炭价格指数

指标	环渤海动力煤价格指数（BSPI）	中国煤炭价格指数（CCPI）
创建时间	2010 年	2006 年
正式发布时间	2010 年	2012 年
编制单位	秦皇岛港	中国煤炭工业协会 中国煤炭运销协会
编制目的	为了客观、及时地反映环渤海地区煤炭现货交易价格水平和变化趋势，引导企业合理决策，并为政府宏观调控提供参考依据	旨在全面、客观、及时地描述全国及各区域、各品种煤炭市场价格变化的走势和平均变化幅度，短期内反映煤炭市场环境的即时变化，中长期反映煤炭供求关系与煤炭成本变化等深层次复杂因素的综合影响
采价范围	●纳入环渤海动力煤价格指数体系的港口包括：秦皇岛港、黄骅港、天津港、京唐港、国投京唐港和曹妃甸港 6 个港口，也称代表港口 ●煤种特指收到基低位发热量（NAR，Net As Received）为 4 500K、5 000K、5 500K 和 5 800K 的动力煤品种，为代表规格品	●将全国煤炭市场划分为 8 个区域，包括"三西"（山西、陕西、内蒙古西）、华北、东北、华东、华中、华南、西南、西北，共计 30 个省区； ●煤种包括：4 个动力煤品种，3 个炼焦煤品种，1 个化工用煤品种。中国煤炭价格指数体系包括 46 个市场单元、8 个区域、8 个品种及全国综合指数等 66 组指数数据
发布时间	每周三 15:00	每周一
发布渠道	海运煤炭网 秦皇岛煤炭网	国家煤炭工业网 中国煤炭市场网
评价	该指数的发布填补了中国在煤炭价格指数方面的空白，且由于秦皇岛等环渤海港口本身为煤炭中转枢纽，容易掌握第一手的交易数据，因此该指数偏差较小，发布后即成为中国最具影响力的煤炭价格指数	目前，该指数存有较大争议，普遍认为缺乏短期指导意义。首先，中国尚未形成全国统一的煤炭市场；其次，煤炭价格尚未完全市场化；三是各地煤种煤质千差万别。因此，在一定程度上，短期内该指数可以用作经济政策参考，但是作为实际交易参考难度较大

第四章

　　为了推进煤炭市场化改革，健全和完善煤炭市场体系，及时反映煤炭价格水平及变化趋势，中国正在逐步完善煤炭价格指数建设体系。2010 年 10 月，国家发改委发出通知，决定从当年 10 月中旬起，试行发布环渤海动力煤价格指数。同年，由中国煤炭资源网、中国（太原）煤炭交易中心、中国焦化网合作成立的 CR 研究院所推出 CR 中国煤炭（焦炭）价格指数。2012 年 7 月 1 日，为推动宏观经济发展及市场经济体制的完善，国家煤炭工业网和中国煤炭市场网又正式发布了中国煤炭价格指数（China Coal Price Index，简称 CCPI）。

中国的煤炭资源税费改革有哪些主要动向？

中国现行的煤炭资源税采取从量征收方式，即各地区吨煤资源税为每吨 2.5~3.6 元，也就是说，即使煤炭价格上涨至数千元，资源税仍以产量收取，资源税在煤价中占比微乎其微。近几年，将煤炭资源税改为从价征收的提议一直不绝于耳，但在 2011 年 11 月 1 日正式施行的最新资源税改革条例中并没有将煤炭纳入改革范围，其根本原因是政府希望避免改革对经济造成显著影响。

2012 年，在全国"两会"上，内蒙古和新疆先后向国务院报送了关于进行煤炭资源税改革试点的请示。随后在 2012 年 3 月 22 日发布的《煤炭工业发展"十二五"规划》中，中国政府正式提出"按照清费立税的原则，积极推进煤炭税费综合改革"。

中国目前的石油市场主体及流通格局是怎样的？

自加入 WTO 之后，中国石油市场对外开放程度不断加大，成品油零售和批发市场相继开放。特别是国家在 2006 年底颁布的《原油市场管理办法》和《成品油市场管理办法》标志着中国石油市场体系建设进入法制化管理阶段，中国石油市场多元化竞争格局正逐步形成。

中国石油市场主体

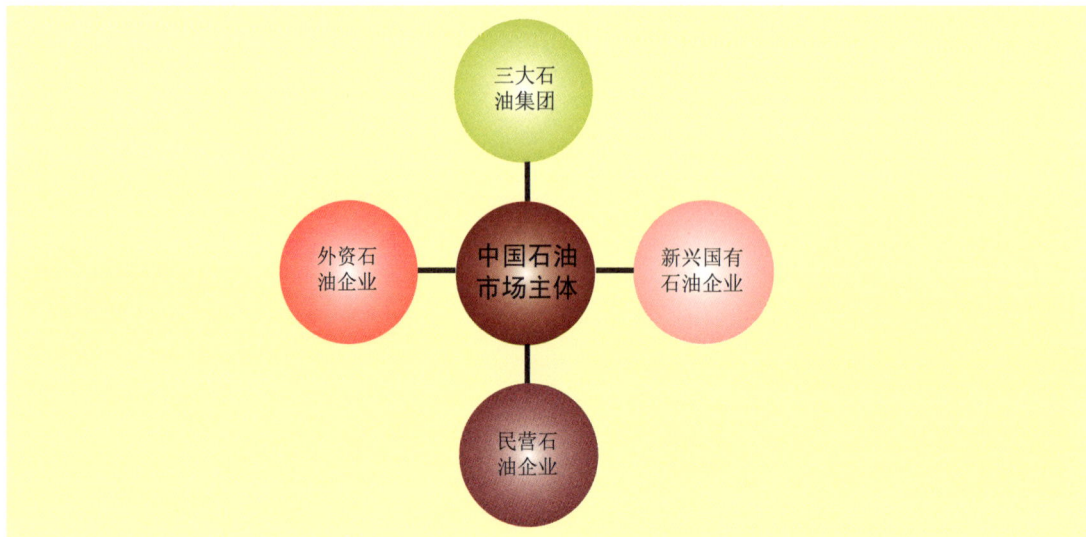

目前，根据企业所有制和市场主体发展规模等因素，中国石油市场主体可分为四类：三大石油集团、新兴国有石油企业、民营石油企业和外资石油企业。其中，中国石油天然气集团公司（以下简称中石油）、中国石油化工集团公司（以下简称中石化）、中国海洋石油总公司（以下简称中海油）三大石油集团作为国家石油公司，在中国石油市场体系中占据主导地位。

此外，目前中国石油市场中，原油和成品油油源大部分被中石油和中石化两大集团公司控制，而批发权主要由两大集团公司主导，只有终端零售环节相对比较开放。

中国原油市场定价机制的主要内容有哪些？

中国石油市场定价机制历史变迁

阶段	具体时间	定价机制	特点
计划价格	1955~1981 年	政府价格管制	●政府对石油价格完全管制，定价由政府自主，不考虑国际市场价格； ●国家对石油生产、分配等环节实行高度集中的行政计划管理； ●石油价格与石油产品价值、生产成本及国内供需基本脱节
双轨制	1981~1998 年	垄断性定价与市场定价并行	●计划内仍由国家统一定价，原石油部超产与节约部分的石油可按国际价格自行销售； ●计划内与计划外价格差距过大，导致计划行为和市场行为之间的矛盾和摩擦加剧； ●滋生大规模腐败和公开的寻租活动
市场化改革	1998 年至今	原油与国际市场联动、成品油实行政府指导价	●石油产品市场价格开始对石油资源的合理配置发挥作用； ●石油市场由三大石油公司主导，价格仍未能很好地反映国内市场供需变化； ●成品油的基准价格仍由国家控制，价格变化相对滞后

目前，中国国内的石油市场定价机制与真正的市场化还有一定差距，还不能完全起到合理配置资源，反映产品真实价值的作用，但无疑，中国正在通往市场化的路上。总体来说，建国以来，中国原油定价机制经历了三个历史时期。

中国原油定价机制

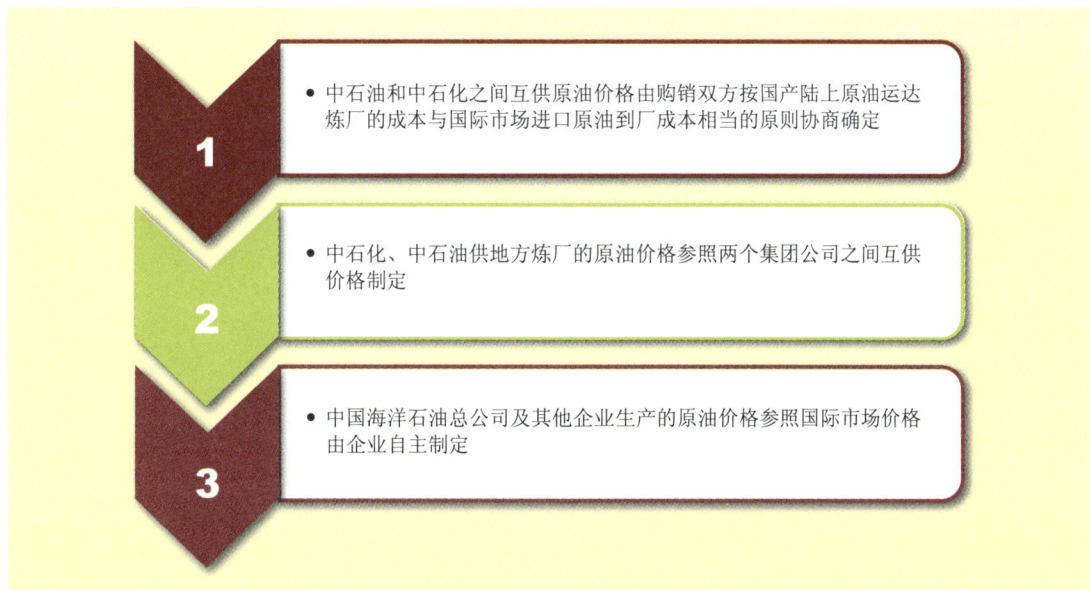

1. 中石油和中石化之间互供原油价格由购销双方按国产陆上原油运达炼厂的成本与国际市场进口原油到厂成本相当的原则协商确定

2. 中石化、中石油供地方炼厂的原油价格参照两个集团公司之间互供价格制定

3. 中国海洋石油总公司及其他企业生产的原油价格参照国际市场价格由企业自主制定

第四章

根据 1998 年 6 月原国家计委出台的《原油、成品油价格改革方案》和 2009 年出台的《石油价格管理办法（试行）》，中国国内原油价格实行同国际市场接轨的办法，由相关企业参照国际市场价格自主制定。

中国大庆原油价格与布伦特、米纳斯原油价格比较

数据来源：普氏资讯（Platts）。

目前来看，中国原油价格与国际原油价格已保持高度相关性，相比而言，大庆原油现货价格低于米纳斯原油现货价格，略高于布伦特原油现货价格。

中国成品油定价机制经历了哪些改革历程？现行定价机制如何？

中国成品油定价机制改革历程

时间	文件	特点
1998 年 6 月 3 日	《原油、成品油价格改革方案》	成品油价格以国际市场汽、柴油进口完税成本为基础制定，参考新加坡市场汽、柴油价格，政府制定零售中准价
2000 年 6 月	—	成品油价格逐月进行调整
2001 年 10 月 15 日	《关于完善石油价格接轨办法及调整成品油价格的通知》	国内成品油价格接轨新加坡、鹿特丹、纽约三地成品油市场，改每月调整为不定期调整
2008 年 12 月 18 日及 2009 年 5 月 8 日	《关于实施成品油价格和税费改革的通知》及《石油价格管理办法（试行）》	政府制定最高零售价，参考国际市场原油价格，当国际原油 22 个工作日移动平均价格变化率超过 4% 时，可考虑调整国内成品油价格
2013 年 3 月 26 日	《关于进一步完善国内成品油价格形成机制的通知》	将调价周期由 22 个工作日缩短至 10 个工作日；取消 4% 的调价幅度限制；调整挂靠油种

1998 年起，中国开始了成品油定价机制与国际市场接轨的改革历程。到目前为止，中国成品

油定价机制经历了 5 次较为明显的调整。

现行成品油价格形成机制是 2008 年底成品油价格和税费改革时推出的。4 年多来，机制运行顺畅、成效显著，为充分利用国际市场资源，保证国内市场正常供应，促进市场有序竞争，规范经营者行为，抑制不合理需求，促进经济社会持续健康发展发挥了重要作用。但机制运行中也存在调价边界条件较高、调价周期较长，价格信号难以灵敏反映国际市场油价变化，容易产生投机套利行为等问题。为此，2013 年 3 月推出了完善后的成品油定价机制，向市场化方向又迈出了重要一步，将更加灵敏地反映国际市场变化，更加有利于利用境外资源，保障国内市场供应。

中国成品油调价历程

调价时间	调价内容
2013 年 4 月 25 日	汽、柴油价格每吨分别下调 395 元和 400 元
2013 年 3 月 27 日	汽、柴油价格每吨分别下调 310 元和 300 元
2013 年 2 月 25 日	汽、柴油价格每吨分别上调 300 元和 290 元
2012 年 11 月 16 日	汽、柴油价格每吨分别下调 310 元和 300 元
2012 年 9 月 11 日	汽、柴油价格每吨分别上调 550 元和 540 元
2012 年 8 月 10 日	汽、柴油价格每吨分别上调 390 元和 370 元
2012 年 7 月 11 日	汽、柴油价格每吨分别下调 420 元和 400 元
2012 年 6 月 9 日	汽、柴油价格每吨分别下调 530 元和 510 元
2012 年 5 月 10 日	汽、柴油价格每吨分别下调 330 元和 310 元
2012 年 3 月 20 日	汽、柴油价格每吨均上调 600 元
2012 年 2 月 8 日	汽、柴油价格每吨均上调 300 元
2011 年 10 月 9 日	汽、柴油价格每吨均下调 300 元
2011 年 4 月 7 日	汽、柴油价格每吨分别上调 500 元和 400 元
2011 年 2 月 20 日	汽、柴油价格每吨均上调 350 元
2010 年 12 月 22 日	汽、柴油价格每吨分别上调 310 元和 300 元
2010 年 10 月 26 日	汽、柴油价格每吨分别上调 230 元和 220 元
2010 年 6 月 1 日	汽、柴油价格每吨分别下调 230 元和 220 元
2010 年 4 月 14 日	汽、柴油价格每吨均上调 320 元
2009 年 11 月 10 日	汽、柴油价格每吨均上调 480 元
2009 年 9 月 30 日	汽、柴油价格每吨均下调 190 元
2009 年 9 月 2 日	汽、柴油价格每吨均上调 300 元
2009 年 7 月 29 日	汽、柴油价格每吨均下调 220 元
2009 年 6 月 30 日	汽、柴油价格每吨均上调 600 元
2009 年 6 月 1 日	汽、柴油价格每吨均上调 400 元
2009 年 3 月 25 日	汽、柴油出厂价每吨分别上调 290 元和 180 元
2009 年 1 月 15 日	汽、柴油出厂价每吨分别下调 140 元和 160 元

第四章

2009 年至 2013 年 4 月底，成品油价格共调价 26 次，其中上调 15 次，下调 11 次。受国际油价影响，2012 年国内成品油价格调整频繁，总共调整了 8 次。在每次调整成品油价格的同时，中国政府都要求做好对种粮农民、城市公交、农村道路客运、林业、渔业、出租车的补贴及困难群众生活保障工作。

中国的汽油、柴油价格与美国相比，孰高孰低？主要原因是什么？

中美汽油价格对比

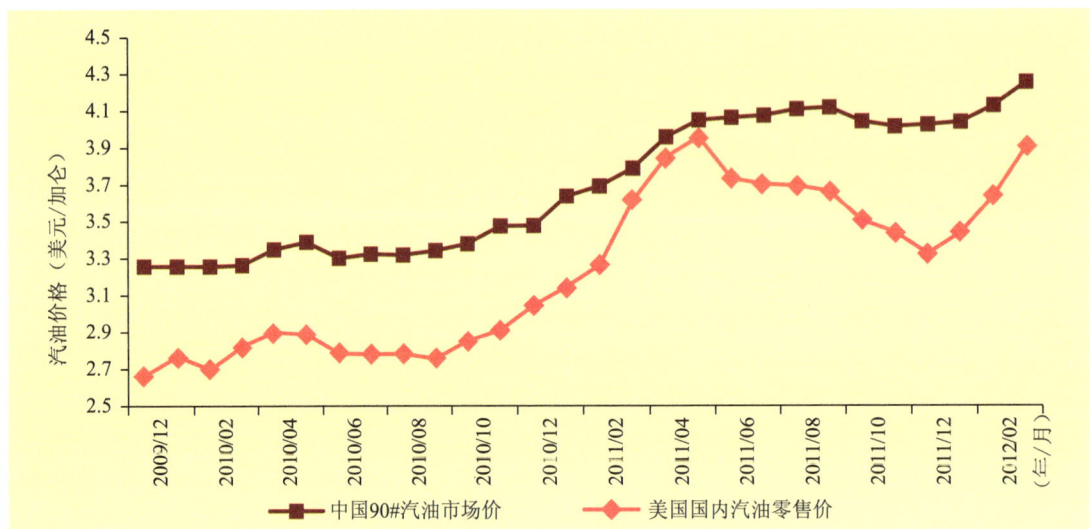

数据来源：EIA，Wind 资讯。

中美柴油价格对比

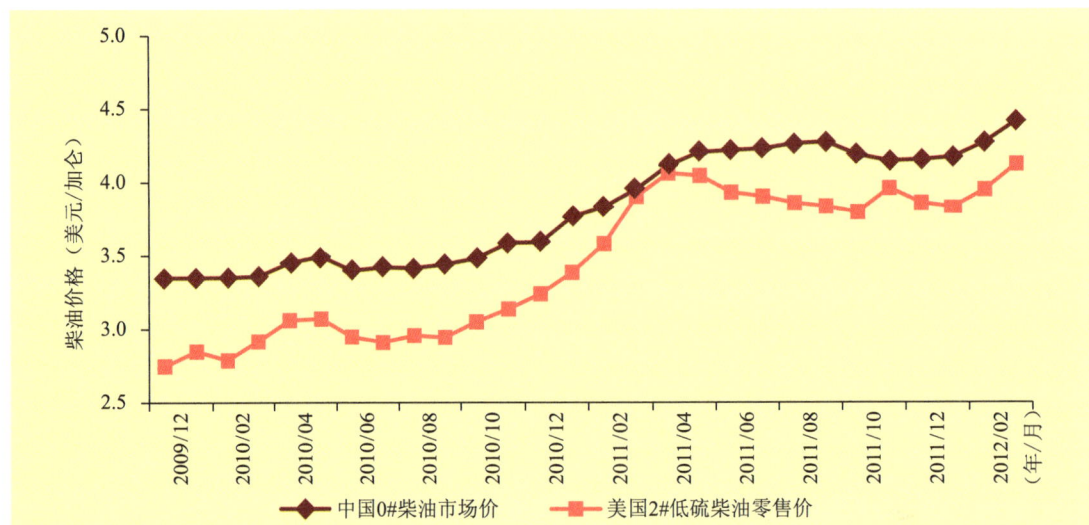

数据来源：EIA，Wind 资讯。

比较发现，目前中国国内汽、柴油价格均略高于美国价格，价格变动有所滞后，且相对平缓。据国家发改委相关人士介绍，目前中国成品油价格与包括欧洲、日韩等大部分国家相比仍是低的，但确实比美国略高，高出部分主要在税收环节，并已收归国库。

中国燃料油期货价格与相关市场价格存在什么联动机制？

燃料油目前在中国石油及石油产品中市场化程度最高。2001 年 10 月 15 日，原国家计委公布的石油定价办法中，正式放开了燃料油的价格，从 2004 年 1 月 1 日起，国家取消了燃料油的进出口配额，实行进口自动许可管理，燃料油的流通和价格完全由市场调节，国内市场与国际市场完全接轨。2004 年 4 月，中国证监会正式批准燃料油期货在上海期货交易所上市，燃料油期货交易开始在中国有效展开。

上海燃料油期货市场与国内外市场的联动

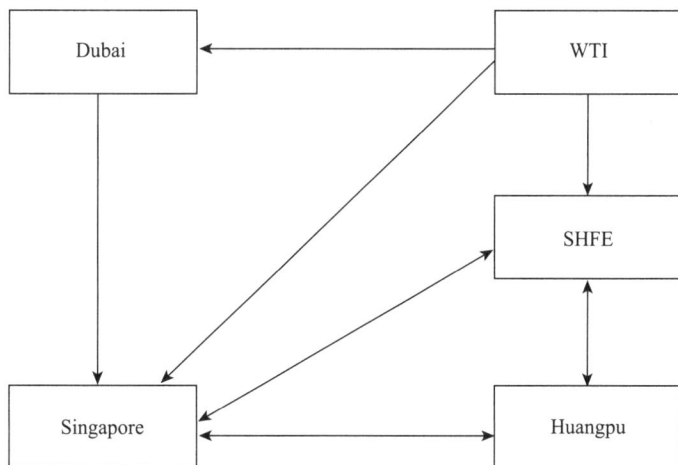

注：SHFE 为上海期货交易所燃料油期货；Huangpu 为黄埔燃料油现货；Singapore 为新加坡燃料油现货；Dubai 为迪拜原油现货；WTI 为 WTI 原油期货。

研究表明，上海燃料油期货价格与相关市场价格的总体走势保持了较强相关性。由于燃料油期货的主要交割地在广东，因此，上海燃料油期货与黄埔燃料油现货市场的关系最为密切。此外，由于新加坡是中国传统的燃料油进口来源地和进口计价中心，新加坡燃料油价格对上海价格和黄埔价格都有影响；新加坡的贸易商一般根据迪拜原油的价格以及迪拜原油和燃料油之间的裂解价差来推算燃料油的价格，因此，迪拜原油是与燃料油关系最为密切的原油品种；WTI 原油作为整个石油市场的风向标和晴雨表，其价格变化会影响所有原油及石油产品的价格；当然，中国石油市场价格的变化，也会反向影响新加坡的价格，只是这种影响不够直接。

目前，上海燃料油期货市场在不断地融入世界石油市场，成为世界石油市场不可或缺的一个重要组成部分。上海燃料油期货交易规模已跃居全球能源期货交易规模第 3 位，仅次于纽约轻质原油期货和布伦特原油期货。上海燃料油期货的"中国定价"和"中国标准"功能逐步显现。

第四章

中国天然气定价机制的主要内容是什么？主要存在哪些问题？

中国现行天然气定价机制

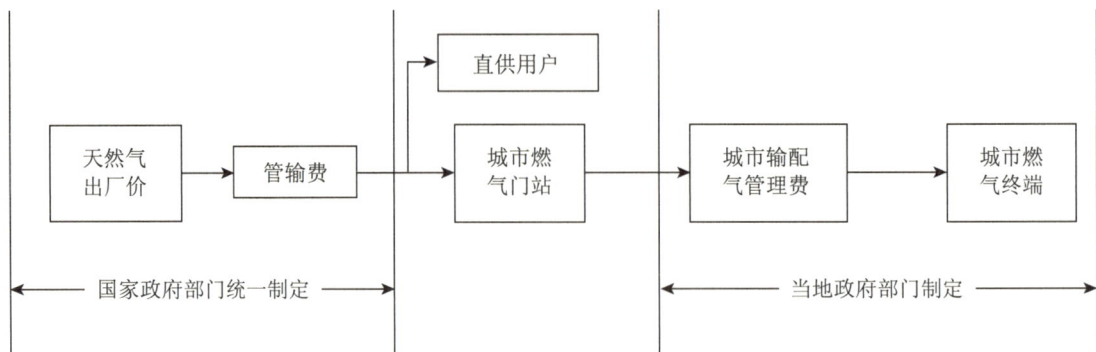

中国现行的天然气价格分为出厂价、管输费、城市门站价和终端用户价四个环节，价格由国家和地方物价管理部门统一制定，实行成本加成法。在出厂价方面，1992年7月起，国家开始对天然气用户实行分类定价，根据不同用户实行指令性价格和指导性价格；管输费方面，由政府对不同地区、不同管径、不同距离的管道分别定价；而城市输配气管理费由地方政府物价部门根据管理和操作成本以及部分利润确定。

中国现行天然气定价机制的主要问题

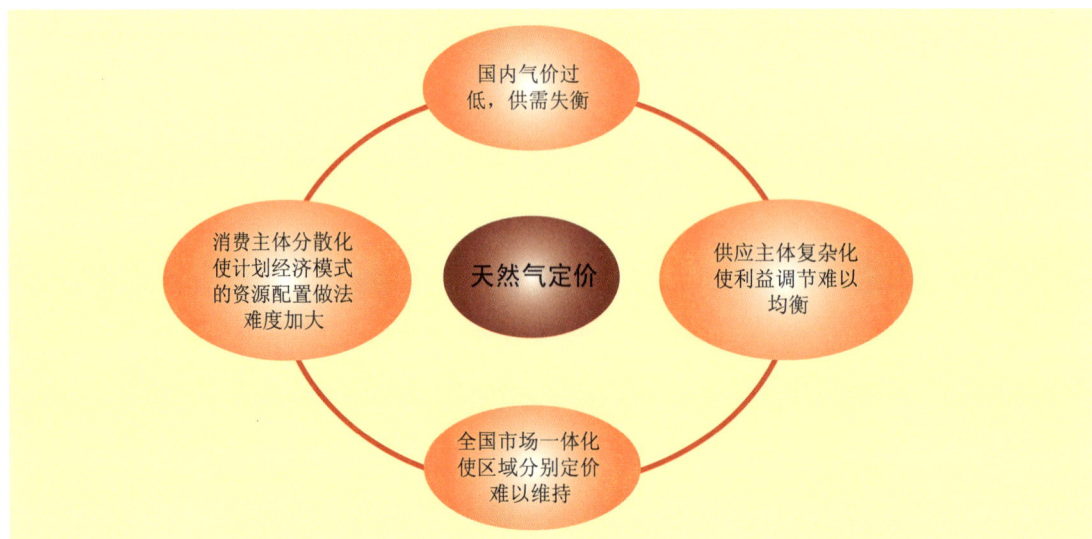

目前来看，该天然气定价方法存在一系列问题。近年来，中国国内关于天然气定价机制改革的呼声日益高涨，国家发改委决定自2011年12月26日起，在广东、广西两省区实行天然气价格改革试点，定价方法由"成本加成法"改为"市场净回值"[1]，逐步推动天然气定价的市场化改革。

---

1 所谓"市场净回值"定价法，是指放开天然气出厂价格，将天然气的销售价格与由市场竞争形成的可替代能源价格挂钩，在此基础上倒扣管道运输费后，回推确定天然气各环节价格。

2012 年 6 月 27 日，中国住房和城乡建设部公布《全国城镇燃气发展"十二五"规划》，规划指出，在"十二五"期间，中国将建立天然气上下游价格联动机制，研究差别性气价政策，引导天然气合理消费，提高天然气利用效率。

中国电力价格体系经历了哪些主要发展阶段？

中国电力价格体系的历史演变

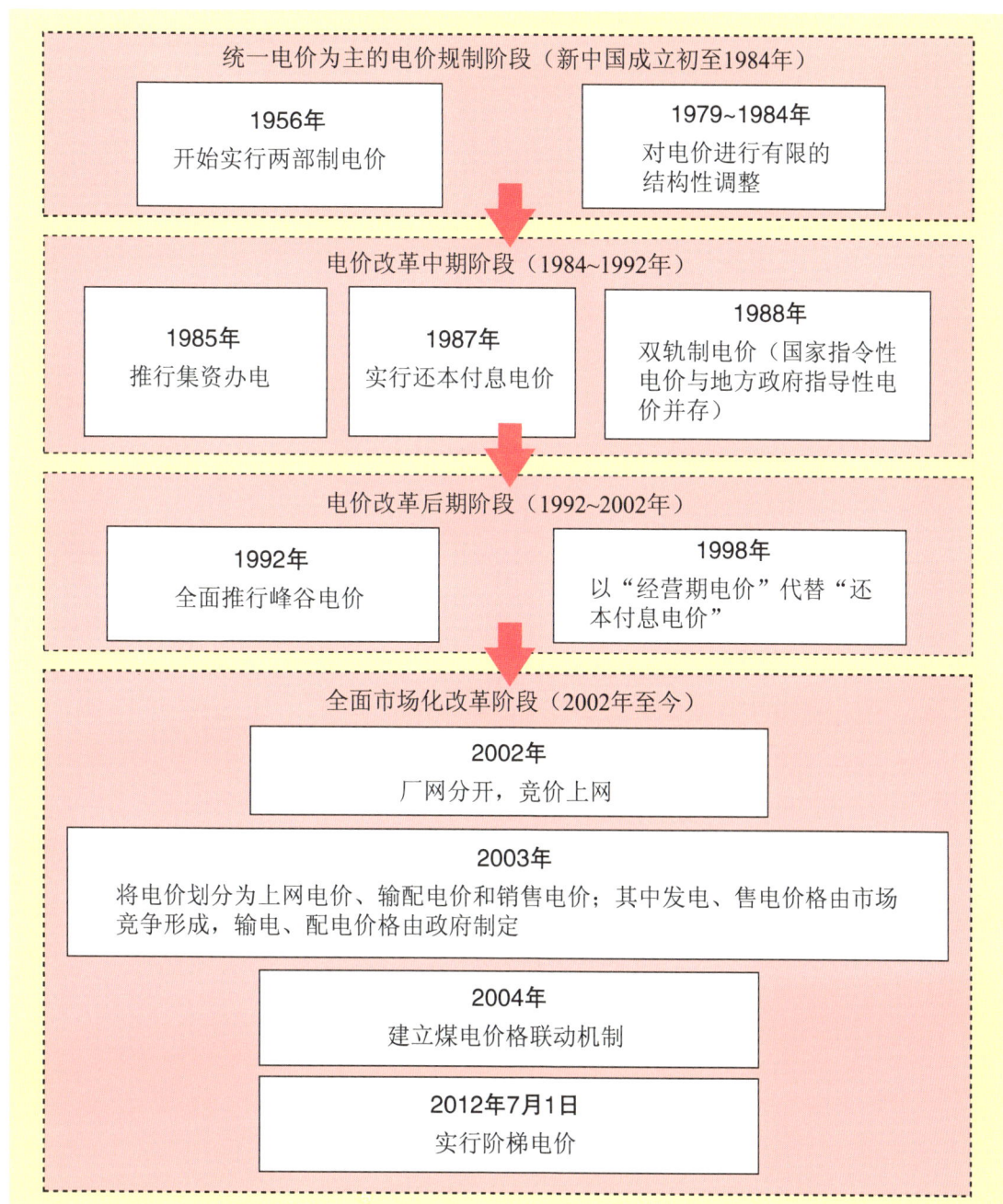

统一电价为主的电价规制阶段（新中国成立初至1984年）

> **1956年**
> 开始实行两部制电价

> **1979~1984年**
> 对电价进行有限的结构性调整

电价改革中期阶段（1984~1992年）

> **1985年**
> 推行集资办电

> **1987年**
> 实行还本付息电价

> **1988年**
> 双轨制电价（国家指令性电价与地方政府指导性电价并存）

电价改革后期阶段（1992~2002年）

> **1992年**
> 全面推行峰谷电价

> **1998年**
> 以"经营期电价"代替"还本付息电价"

全面市场化改革阶段（2002年至今）

> **2002年**
> 厂网分开，竞价上网

> **2003年**
> 将电价划分为上网电价、输配电价和销售电价；其中发电、售电价格由市场竞争形成，输电、配电价格由政府制定

> **2004年**
> 建立煤电价格联动机制

> **2012年7月1日**
> 实行阶梯电价

第四章

新中国成立以来，中国电力价格体系经历了四个主要阶段，即统一电价为主的电价规制阶段、电价改革中期阶段、电价改革后期阶段和全面市场化改革阶段。目前，电力价格市场化改革实践还在不断探索中。

中国现行电力市场价格主要有哪些类型？

中国现行电价类型

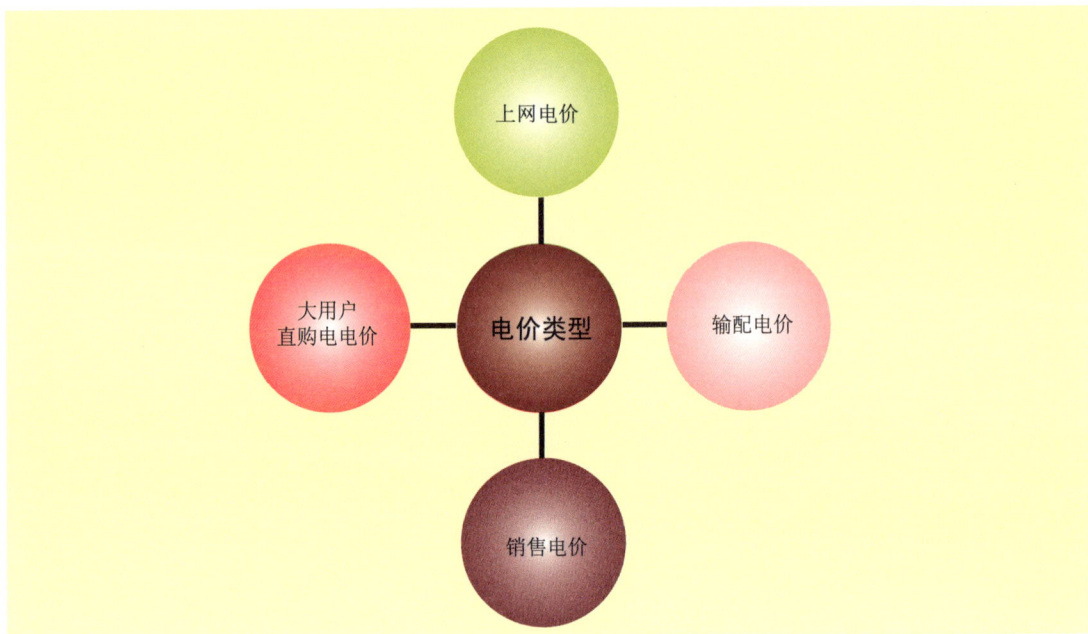

中国现行电价体系按环节划分，包括上网电价、输配电价、销售电价及大用户直购电电价。上网电价主要由政府制定，实行经营期电价、标杆电价、煤电价格联动等，此外还有招标定价、跨省区电力交易协商定价等市场定价方式。输配电价分为跨区电网、跨省电网和省级电网三个层次，其中跨区电网、跨省电网实行政府定价和企业内部协商定价，省级电网主要通过购销价差的形式体现。销售电价由政府制定，按用电性质和用途分类，按电压等级分档。大用户直购电电价仅有少数试点，采取双边协商定价方式。此外，按电价制度还可划分为两部制电价、电量制电价、定额制电价等；按用电时间可划分为峰谷电价和丰枯电价等。

中国现行的阶梯电价的主要内容有哪些？

2012年7月1日起，最新的电力价格改革方案——阶梯电价已在全国范围内开始试运行，即根据国家发改委公布的《关于居民生活用电实行阶梯电价的指导意见（征求意见稿）》，中国将实行居民生活用电阶梯式的递增电价，现阶段拟将电价分为3档，基础电量为110度或140度，超出最高档每度电将提价2角钱，用电量越多，增加电费越多。同时，该文件指出，第一档电量水平 3 年内保持基本稳定，今后随着居民用电量的不断增加，再考虑对第一档电量作适当调整。

中国部分省市出台的阶梯式电价改革方案

省市	第一档电量	第二档电量	第三档电量
北京市	年用电量≤2 880 千瓦时	2 881 千瓦时≤年用电量≤4 800 千瓦时	年用电量 >4 800 千瓦时
	电价不变	电价加 0.05 元 / 千瓦时	电价加 0.3 元 / 千瓦时
上海市	年用电量≤3 120 千瓦时	3 120 千瓦时≤年用电量≤4 800 千瓦时	年用电量 >4 800 千瓦时
	电价不变	未分时电价，加 0.05 元 / 千瓦时；分时电价峰时段加 0.06 元 / 千瓦时，谷时段加 0.03 元 / 千瓦时	未分时电价，加 0.30 元 / 千瓦时；分时电价峰时段加 0.36 元 / 千瓦时，谷时段加 0.18 元 / 千瓦时
天津市	月用电量≤220 千瓦时	221 千瓦时≤月用电量≤400 千瓦时	月用电量 >400 千瓦时
	电价不变	电价加 0.05 元 / 千瓦时	电价加 0.25 元 / 千瓦时
重庆市	月用电量≤200 千瓦时	201 千瓦时≤月用电量≤400 千瓦时	月用电量≥401 千瓦时
	电价不变	电价加 0.05 元 / 千瓦时	电价加 0.3 元 / 千瓦时
山东省	年用电量≤2 520 千瓦时	2 520 千瓦时≤年用电量≤4 800 千瓦时	年用电量 >4800 千瓦时
	电价不变	电价加 0.05 元 / 千瓦时	电价加 0.25 元 / 千瓦时
浙江省	年用电量≤2 760 千瓦时	2 761 千瓦时≤年用电量≤4 800 千瓦时	年用电量≥4 800 千瓦时
	电价不变	电价加 0.05 元 / 千瓦时	电价加 0.3 元 / 千瓦时
广东省	夏季（5~10 月）：月用电量≤260 千瓦时；非夏季（11 月至次年 4 月）：月用电量≤200 千瓦时	夏季（5~10 月）：261 千瓦时≤月用电量≤600 千瓦时；非夏季（11 月至次年 4 月）：201 千瓦时≤月用电量≤400 千瓦时	夏季（5~10 月）：月用电量 >600 千瓦时；非夏季（11 月至次年 4 月）：月用电量 >400 千瓦时
	电价不变	电价加 0.05 元 / 千瓦时	电价加 0.3 元 / 千瓦时
四川省	月用电量≤180 千瓦时（保留低谷时段优惠电价）	181 千瓦时≤月用电量≤280 千瓦时（保留低谷时段优惠电价）	月用电量≥281 千瓦时（保留低谷时段优惠电价）
	电价不变	电价加 0.1 元 / 千瓦时	电价加 0.3 元 / 千瓦时
青海省	月用电量 < 150 千瓦时	150 千瓦时≤日用电量≤230 千瓦时	月用电量≥231 千瓦时
	电价不变	电价加 0.05 元 / 千瓦时	电价加 0.25 元 / 千瓦时

第四章

截至 2012 年 7 月 15 日，中国已有 25 个省市公布了阶梯电价改革方案。现阶段，中国电价改革的思路是：在改进完善既有电价政策和电价机制的基础上，逐步推进竞争环节价格市场化、垄断环节价格规范化，逐步实现由政府定价为主向市场定价与政府定价协同并重转变。

中国煤电价格联动机制的主要内容有哪些？主要问题是什么？

煤电价格联动实施情况及电价改革历程

时间	实施情况
2005 年	● 5 月 1 日,实施了首次煤电价格联动,全国上网电价平均上调 1.78 分 / 千瓦时,销售电价平均上涨 2.52 分 / 千瓦时 ● 11 月,再次满足了联动条件,但并未有所动作
2006 年	● 6 月 30 日实施了第二轮煤电价格联动,此次电价调整后,全国上网电价平均上调 1.174 分 / 千瓦时,销售电价平均提高 2.494 分 / 千瓦时,主要涉及政府项目、发电项目、电网项目及地方项目
2007 年	● 全国煤炭价格每吨普遍上涨 30 元左右,涨幅达到 8%。中电联和五大发电集团上书请求启动煤电联动,但由于阻力较大,国家发改委没有发布上调电价的政策
2008 年	● 7 月 1 日,全国销售电价平均提高 2.61 分 / 千瓦时,其中 1.64 分用于补偿煤炭涨价 ● 8 月 20 日,全国火力发电(含燃煤、燃油、燃气发电和热电联产)企业上网电价平均提高 2 分 / 千瓦时,燃煤机组标杆上网电价同步调整。但电网经营企业对电力用户的销售电价暂不作调整
2009 年	自 11 月 20 日起全国非民用电价平均提高 2.8 分 / 千瓦时,居民电价暂不调整
2011 年	● 4 月 10 日,上调部分亏损严重火电企业上网电价,调价幅度视亏损程度不等。全国有 11 个省区市的上网电价上调 1 分 / 千瓦时以上。其中煤电价格严重倒挂的山西上调上网电价 2.6 分 / 千瓦时,河南上调上网电价 1.5 分 / 千瓦时。暂不调整居民电价 ● 5 月,国家发改委通知要求全国 15 个省区市上网电价平均上调 2 分左右,销售电价 6 月 1 日开始调整,居民电价不上调;上调涉及工业、商业、农业用户。15 个省区市包括:山西、青海、甘肃、江西、海南、陕西、山东、湖南、重庆、安徽、河南、湖北、四川、河北、贵州 ● 6 月,全国 15 个省区市销售电价平均上调 1.67 分 / 千瓦时,居民电价不上调;上调涉及工业、商业、农业用户。其中,山西省销售电价上涨金额最多,每千瓦时上涨 2.4 分,四川省每千瓦时仅上调 0.4 分,调整额最小 ● 12 月 1 日起,全国销售电价平均上调 3 分 / 千瓦时,煤电企业上网电价上调 2.6 分 / 千瓦时。居民用电价格暂不上调
2012 年	7 月 1 日开始实施阶梯电价

在煤炭市场化的前提下,煤价步步攀高,而电价仍处于政府定价阶段,完全无法适应电煤价格开放的市场变化,不能及时和煤价实现合理联动,并逐渐激化了煤与电之间的矛盾。为理顺煤电价格关系,缓解煤电价格矛盾,2004 年底,中国政府根据《国家发展和改革委员会关于建立煤电价格联动机制的意见》,建立了煤电联动机制。

煤电联动的基本内容是,原则上以不少于 6 个月为一个煤电价格联动周期。若周期内平均煤价比前一周期变化幅度达到或超过 5%,相应调整电价,其中煤价涨幅的 70% 由电价来补偿,其余 30% 由发电企业通过降低成本来承担;如变化幅度不到 5%,则下一周期累计计算,直到累计变化幅度达到或超过 5%,再进行电价调整。

中国煤电价格联动机制的主要弊端

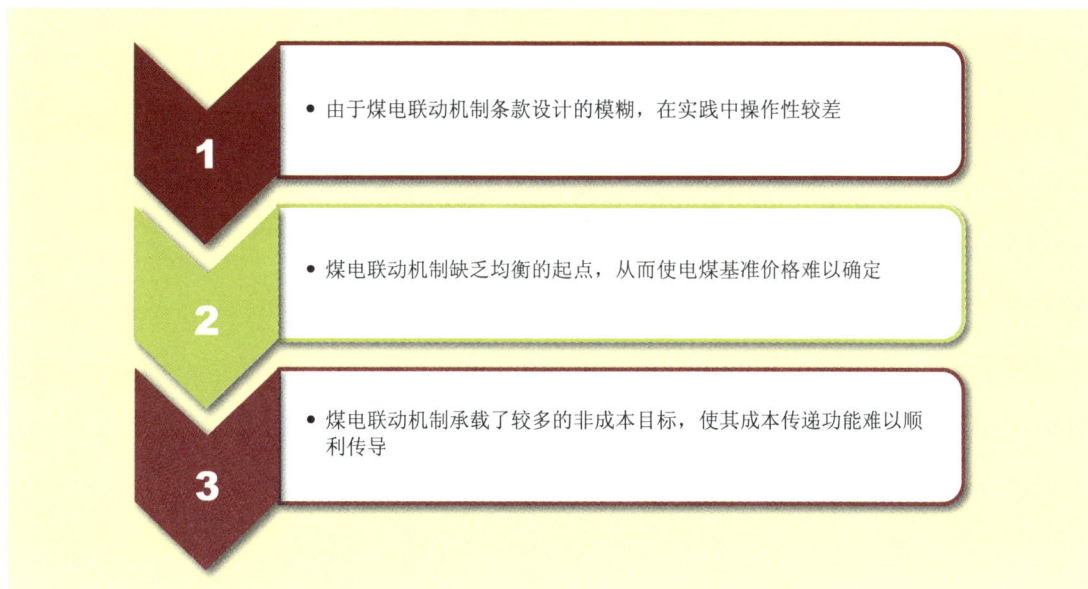

1 · 由于煤电联动机制条款设计的模糊，在实践中操作性较差

2 · 煤电联动机制缺乏均衡的起点，从而使电煤基准价格难以确定

3 · 煤电联动机制承载了较多的非成本目标，使其成本传递功能难以顺利传导

　　煤电联动的实施是为了在一定程度上缓解煤电双方的矛盾，但在实际运用中却发现存在着诸多弊端，并未能发挥出其良好的调控水平。这是由于煤电联动政策的实施，一开始就存在着先天的制度缺陷，因此注定了其在运行过程中困难重重。

第五章

中国碳排放的主要特征与低碳发展的动向

中国目前是全球最大的碳排放国，是联合国气候变化框架公约的缔约国之一，2002 年中国政府宣布签订《京都议定书》。中国作为发展中国家，尽管暂时不用承担量化的碳减排任务，但为了应对全球气候变化，中国自觉减排，充分展现了负责任大国的形象。2009 年中国政府承诺 2020 年单位国内生产总值温室气体排放量要比 2005 年下降 40%~45%。2011 年，中国部署碳交易市场建设。2012 年，中国将生态文明列入国策，并提出建设"美丽中国"。

改革开放以来中国的碳排放与经济增长存在什么关系？

改革开放以来，中国经济发展取得了显著成效，快速的经济增长不可避免地带来了资源消耗、碳排放增加等问题。

1978~2012年中国人均GDP和二氧化碳排放量

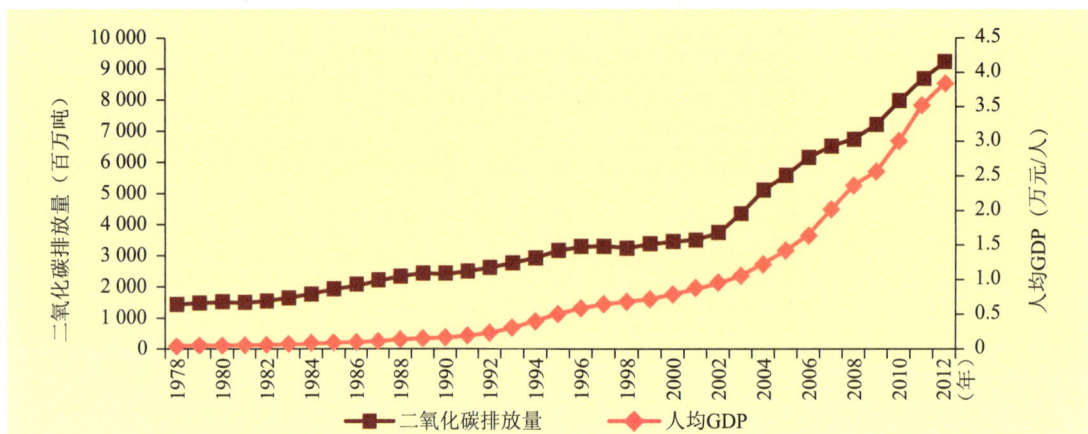

数据来源：《BP 世界能源统计年鉴 2013》，《中国统计年鉴 2012》。

1978 年以来，中国的二氧化碳排放量整体上扬，尽管在 1997~2000 年出现下降，但随后又保持增长趋势。在此期间，中国的人均 GDP 持续增长。随着经济规模继续扩大，预计未来较长一段时期，中国的化石能源消费和水泥生产仍将在经济发展过程中发挥重要作用，导致二氧化碳排放量继续增加。

中国的碳排放快速增长的主要来源有哪些？

1899~2008年中国二氧化碳排放总量及其主要来源

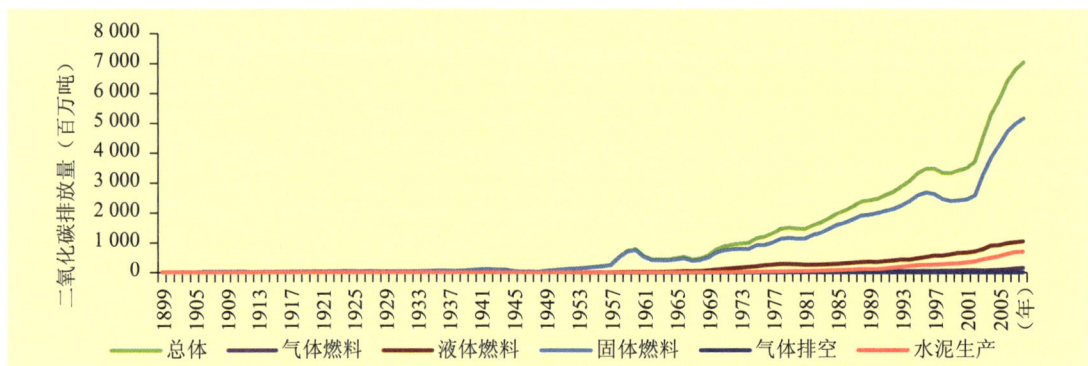

数据来源：美国橡树岭国家实验室二氧化碳信息分析中心（CDIAC）[1]。

---

[1] CDIAC、世界银行世界发展指标（WDI）数据库的碳排放数据包括化石燃料燃烧和水泥生产排放的二氧化碳，《BP 世界能源统计年鉴》的碳排放数据只包括化石能源燃烧排放的二氧化碳，以下类同。

从 1899~2008 年中国二氧化碳排放量及各类化石燃料的碳排放量可以看出，1949 年之前，中国的二氧化碳排放量相对较低且平稳，但 1978 年以后，中国二氧化碳排放量急剧上升，并呈现持续增高的走势；同时，各类化石燃料与水泥生产排放的二氧化碳也持续增长，其中，固体燃料排放的二氧化碳量增长幅度最大，液体燃料排放的二氧化碳高于水泥生产产生的二氧化碳，气体燃料排放的二氧化碳一直较低。

中国的碳排放总量在世界范围内处于什么位置？

1965~2012年中国、美国、欧盟的二氧化碳排放量比较

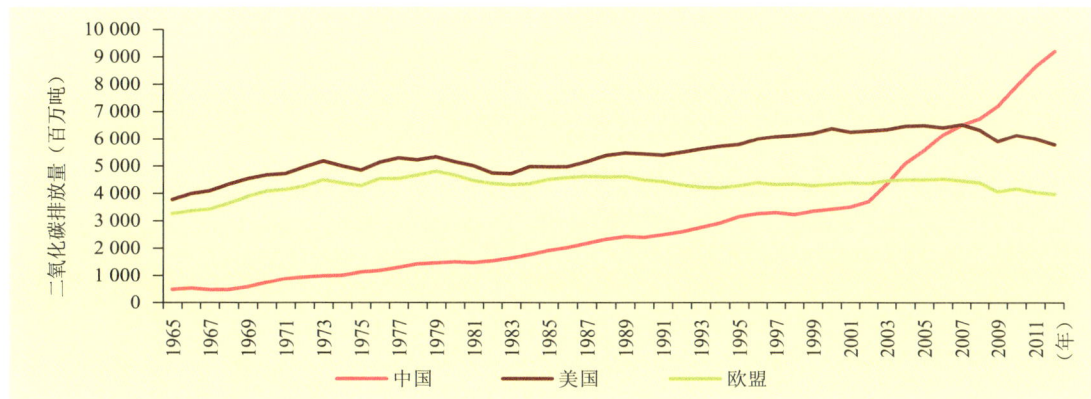

数据来源：《BP 世界能源统计年鉴 2013》。

过去 50 年，中国的二氧化碳排放量逐年增加，目前已成为全球最大碳排放国。BP 的数据显示，中国的二氧化碳排放量在 2004 年超过欧盟，2008 年超过美国，成为世界最大的碳排放国。2012 年，中国碳排放量占全球碳排放量的 26.7%，美国占 16.8%，欧盟占 11.5%。

主要国家二氧化碳的历史累计排放量比较

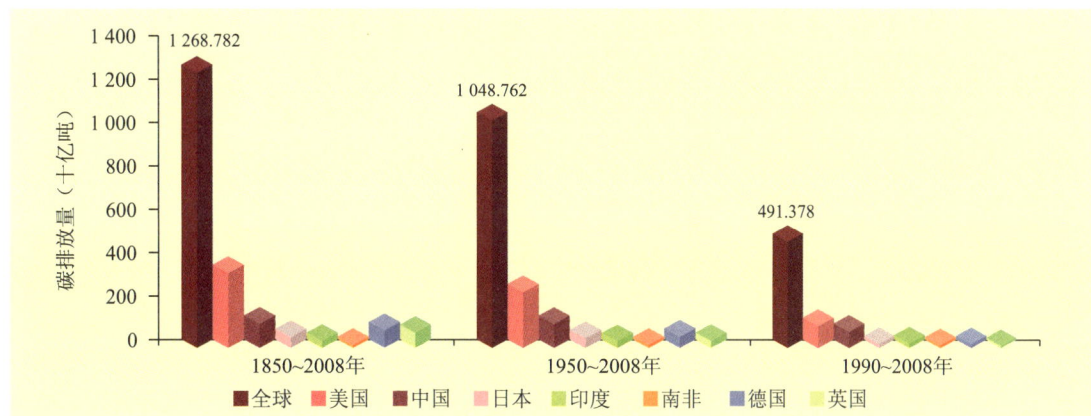

数据来源：CDIAC。

第五章

中国碳排放的历史累计量明显低于主要发达国家，但近些年这种比较优势逐渐减弱。不论是第二次工业革命（1850年）至今，第二次世界大战后世界经济迅速发展期（1950年）至今，还是签署《联合国气候变化框架公约》人类开始高度关注碳排放问题（1990年）至今，中国的历史累计碳排放量都低于美国。但是，应该看到，中国历史累计碳排放较低的比较优势正在逐渐失去。1850~2008年，美国累计碳排放量在全球各国中最大，占全球总排放量的27%，中国碳排放量占全球的9%，相当于美国的33%。但是，1990~2008年，虽然美国累计碳排放量仍属全球最大，占全球累计排放量的21%，但中国的累计碳排放量占全球的16%，相当于美国的75%，差距已显著缩小。

中国的人均二氧化碳排放量与发达国家相比处于什么位置？

1990~2012年中国人均二氧化碳排放量及其增长率

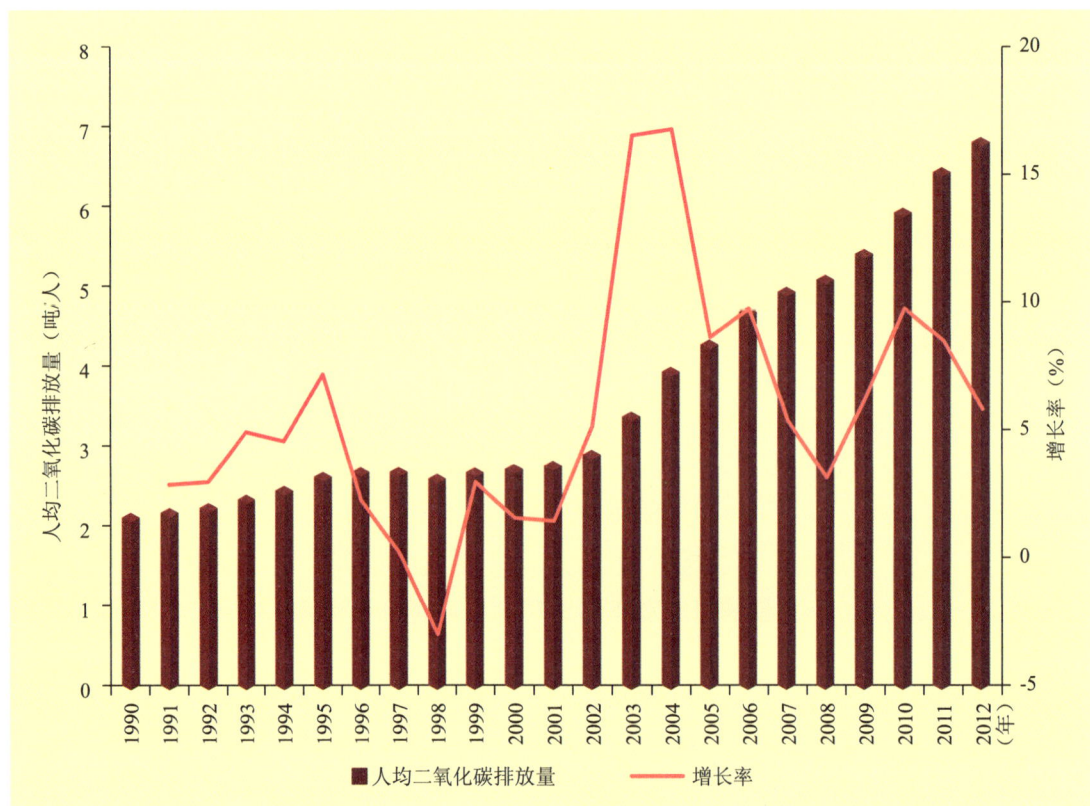

数据来源：根据《BP世界能源统计年鉴2013》与历年《中国统计年鉴》相关数据整理得到。

从1990~2012年中国人均二氧化碳排放量及其增长率可以看到，2000年之前，中国的人均二氧化碳排放量相对平稳；但2000年之后，中国的人均二氧化碳排放量迅速起步上扬，其中，2003、2004年都同比增长17%，此后，人均二氧化碳排放量增速明显趋缓。2012年，中国的人均二氧化碳排放量为6.8吨/人，这与英国丁铎尔中心2012年度"全球碳计划"报告的计算结果（6.6吨/人）相当，与美国的人均排放量17.2吨还相差甚远。

1961~2009年世界主要国家的人均二氧化碳排放量

数据来源：世界银行世界发展指标（WDI）数据库。

世界银行的数据表明，1961~2009 年，中国人均二氧化碳排放量一直低于美国、英国、日本等发达国家。2009 年，尽管中国人均二氧化碳排放量相比前几年已有较大增加，但仍只相当于日本的 67%，英国的 75%，美国的 33%。

中国的碳排放强度在世界范围内处于什么位置？

1980~2009年中国与各类国家的碳排放强度比较

数据来源：世界银行世界发展指标（WDI）数据库。

目前，中国单位国内生产总值的碳排放量（即碳排放强度）的绝对值仍较高。2009 年，中国碳排放强度是高收入国家的 2.7 倍，中等收入国家的 1.5 倍，低收入国家的 3.5 倍，OECD 国家的 2.8 倍，世界平均水平的 1.9 倍。但是，中国在降低碳排放强度方面付出了积极的努力，取得了举世瞩目的成就。1980~2009 年，中国碳排放强度下降明显，降幅达 86%。

1980~2009年世界主要国家的碳排放强度比较

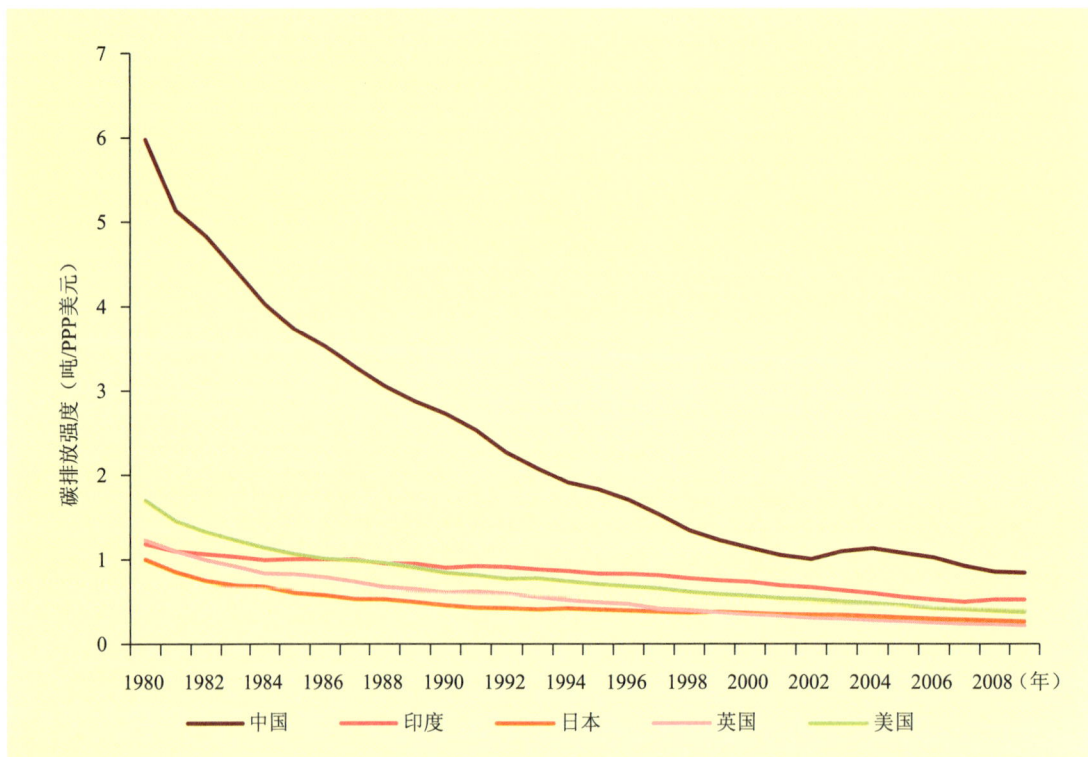

数据来源：世界银行世界发展指标（WDI）数据库。

另外，1980~2009 年中国碳排放强度一直高于美国、英国、日本、印度等国。2009 年，中国碳排放强度分别相当于美国、英国、日本和印度的 2.2、3.8、3.1 和 1.6 倍。但是 1980~2009 年，中国的碳排放强度降幅最大，减排成效最明显。

中国未来的碳排放强度下降目标是什么？

2009 年，在哥本哈根世界气候变化大会前夕，中国政府对外承诺，2020 年中国单位国内生产总值的二氧化碳排放量要比 2005 年下降 40%~45%（即 4045 碳强度目标）。该数量化的减排目标作为约束性指标被纳入中国国民经济和社会发展的中长期规划，这将是一个"需付出艰苦卓绝努力"的目标，这也标志着中国首次提出减少二氧化碳排放的目标，充分体现了中国作为一个负责任大国，高度重视全球气候变化问题。2011 年，中国确立了"十二五"期间温室气体减排的目标，提出"十二五"期间碳排放强度要下降 17%。

"十二五"期间中国各地区碳排放强度下降指标

地区	碳排放强度下降 (%)	地区	碳排放强度下降 (%)	地区	碳排放强度下降 (%)
北京	18	重庆	17	浙江	19
天津	19	四川	17.5	安徽	17
河北	18	贵州	16	福建	17.5
山西	17	云南	16.5	江西	17
内蒙古	16	西藏	10	山东	18
辽宁	18	陕西	17	河南	17
吉林	17	甘肃	16	湖北	17
黑龙江	16	青海	10	湖南	17
上海	19	宁夏	16	广东	19.5
江苏	19	新疆	11	广西	16
海南	11				

2011 年，国务院发布《"十二五"控制温室气体排放工作方案》，详细规定了各地区单位国内生产总值二氧化碳排放量的下降指标，其中广东为 19.5%，位居全国首位，天津、上海、浙江、江苏为 19%，这 5 个省市的减排压力最大，相比而言，位于西部的西藏、青海、新疆地区的减排压力则比较小。

国际碳交易市场目前的发展状况如何？

2005 年 2 月 16 日，《京都议定书》正式生效。为有效实现全球减排义务，《京都议定书》提出了 3 种灵活机制，碳交易市场是其中之一。

2010~2011年国际碳交易市场状况

分类	2010 年		2011 年	
	交易量 （公吨二氧化碳当量）	市场价值 （百万美元）	交易量 （公吨二氧化碳当量）	市场价值 （百万美元）
基于配额的碳市场（Allowances market）				
EUA	6 789	133 598	7 853	147 848
AAU	62	626	47	318
RMU	—	—	4	12

续表

分类	2010 年		2011 年	
	交易量（公吨二氧化碳当量）	市场价值（百万美元）	交易量（公吨二氧化碳当量）	市场价值（百万美元）
NZU	7	101	27	351
RGGI	210	458	120	249
CCA	—	—	4	63
其他	94	151	26	40
小计	7 162	134 935	8 081	148 881
现货交易和二级市场交易（Spot & Secondary offset market）				
sCER	1 260	20 453	1 734	22 333
sERU	6	94	76	780
其他	10	90	12	137
小计	1 275	20 637	1 822	23 250
基于项目的碳市场［forward（primary）project-based transactions］				
pCER pre-2012	124	1 458	91	990
pCER post-2012	100	1 217	173	1 990
pERU	41	530	28	339
自由市场	69	414	87	569
小计	334	3 620	378	3 889
总计	8 772	159 191	10 281	176 020

数据来源：世界银行。

　　过去几年，国际碳交易市场发展迅速，规模日趋庞大。世界银行发布的《2012 年碳市场现状及趋势》报告称，2011 年国际碳市场总值同比增长 11%，达 1 760 亿美元，交易量创下 103 亿吨二氧化碳当量的新高。其中，碳交易市场（即基于配额的碳市场）成交额为 1 489 亿美元，占碳市场总成交额的 85%。在碳交易市场中，欧盟碳配额（EUA）是主体，2011 年其成交额占配额市场总成交额的 99.3%。2012 年，受欧债危机影响，EUA 价格陷入低谷，全年成交额跌破 1 000 亿美元，是 2008 年以来的最低点；但市场交易更加活跃，EUA 交易量达 72.1 亿吨，同比增长 18%。

中国在清洁发展机制法律法规与机制建设方面取得了哪些进展？

中国CDM专门机构管理体系

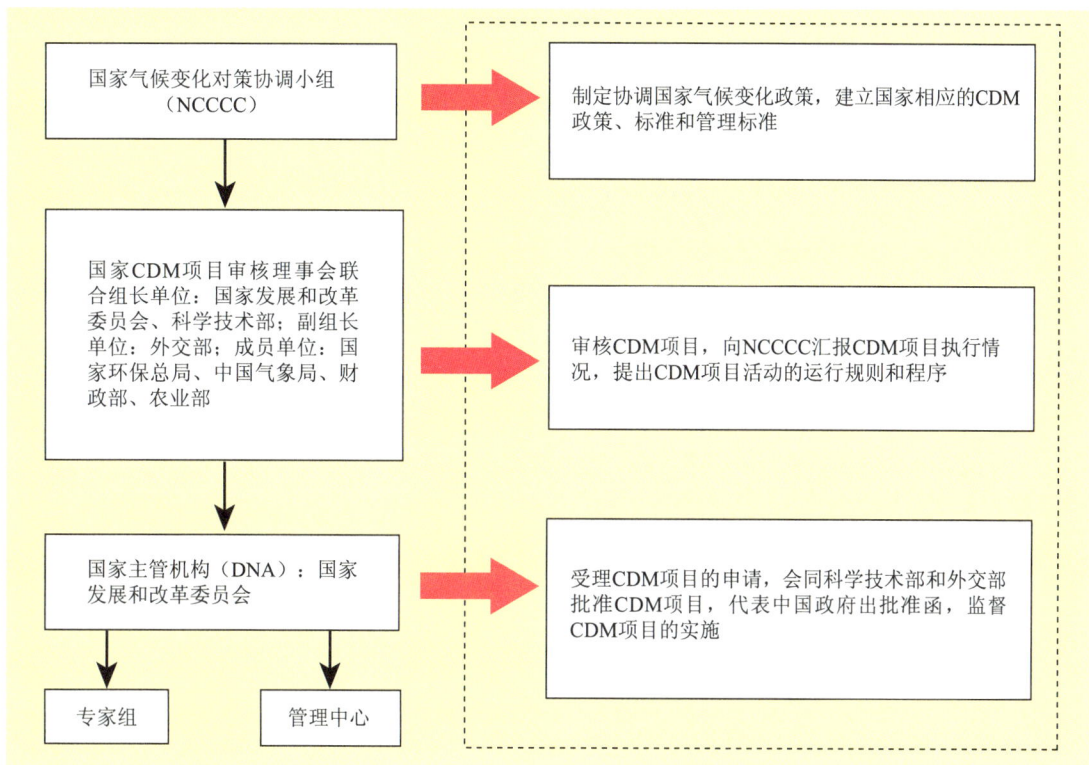

国家气候变化对策协调小组（NCCCC）→ 制定协调国家气候变化政策，建立国家相应的CDM政策、标准和管理标准

国家CDM项目审核理事会联合组长单位：国家发展和改革委员会、科学技术部；副组长单位：外交部；成员单位：国家环保总局、中国气象局、财政部、农业部 → 审核CDM项目，向NCCCC汇报CDM项目执行情况，提出CDM项目活动的运行规则和程序

国家主管机构（DNA）：国家发展和改革委员会 → 受理CDM项目的申请，会同科学技术和外交部批准CDM项目，代表中国政府出批准函，监督CDM项目的实施

专家组　管理中心

资料来源:《中国清洁发展机制项目开发与实践》。

　　中国成立了清洁发展机制（CDM）专门管理机构。根据2005年10月发布实施的《清洁发展机制项目运行管理办法》，中国负责管理CDM的机构主要有三个：国家气候变化对策协调小组、国家CDM项目审理理事会及国家主管机关。

中国清洁发展机制基金成立过程

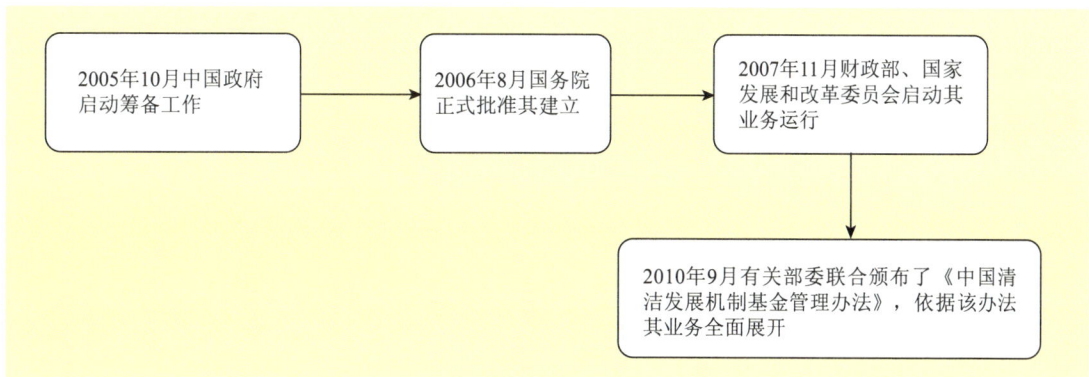

2005年10月中国政府启动筹备工作 → 2006年8月国务院正式批准其建立 → 2007年11月财政部、国家发展和改革委员会启动其业务运行 → 2010年9月有关部委联合颁布了《中国清洁发展机制基金管理办法》，依据该办法其业务全面展开

资料来源: 中国清洁发展机制基金官网（http://www.cdmfund.org/cn/index.aspx）。

中国还成立了中国清洁发展机制基金。中国清洁发展机制基金是一个应对气候变化的基金，通过支持和促进国家应对气候变化工作，为中国经济社会又好又快地发展、全球的可持续发展作出贡献。建立基金和开展基金业务工作，是符合应对气候变化国际清洁发展机制（CDM）合作本质的一个创新，把CDM合作对国家和全球可持续发展的贡献，以可持续的方式，从项目层面升级和放大到国家层面。

中国关于CDM的主要法律法规

年份	文件名称	相关内容
2004	《清洁发展机制项目运行管理暂行方法》	对清洁发展机制项目活动的各个方面做了有效的法律规定
2005	《清洁发展机制项目运行管理方法》	包括总则、管理体制、申请和实施程序、法律责任、附则5章39条，同时附有可直接向国家发改委提交清洁发展机制项目申请的中央企业名单
2009	《财政部、国家税务总局关于中国清洁发展机制基金及清洁发展机制项目实施企业有关企业所得税政策问题的通知》	对CDM项目征收的所得税进行详细的规定
2010	《中国清洁发展机制基金管理方法》	明确了中国清洁发展机制基金的治理框架、资金来源和使用方法等内容，是中国清洁基金管理运行的根本指南
2011	《中华人民共和国国民经济和社会发展第十二个五年规划纲要》	逐步建立碳排放交易市场以及推进低碳试点示范
2011	《"十二五"控制温室气体排放工作方案》	要建立完善的碳交易市场
2012	《关于2012年全国节能宣传周活动安排的通知》	国家发改委等14个部门联合举办主题为"节能低碳，绿色发展"的全国节能宣传周活动
2012	《温室气体自愿减排交易管理暂行办法》	保障自愿减排交易活动有序开展，调动全社会自觉参与碳减排活动的积极性，为逐步建立总量控制下的碳排放权交易市场积累经验，奠定技术和规则基础

为了更好地规制CDM的发展，中国还制定了一系列CDM相关的法律法规，营造了良好的法律环境。而且，除了国家发布了一系列有关CDM的法律法规外，多个省级自治区政府也发布了一些规章条例以促进CDM在地方的发展。

中国清洁发展机制项目的发展状况如何？

中国目前已成为世界上最主要的CDM项目东道国，从2005年中国成功注册了第一个CDM项目——内蒙古辉腾锡勒风电场以来，中国的CDM市场快速发展。截至2013年1月6日，在联合国CDM执行理事会（EB）成功注册的中国CDM项目达到2 980个。目前，中国在全球CDM项目中三项指标位列第一：已注册项目数量；已注册成功项目的CERs数量即已注册项目一年取得的减排量；各国获得已签发CERs的数量即已批准的减排量。

CDM注册成功项目的国家分布

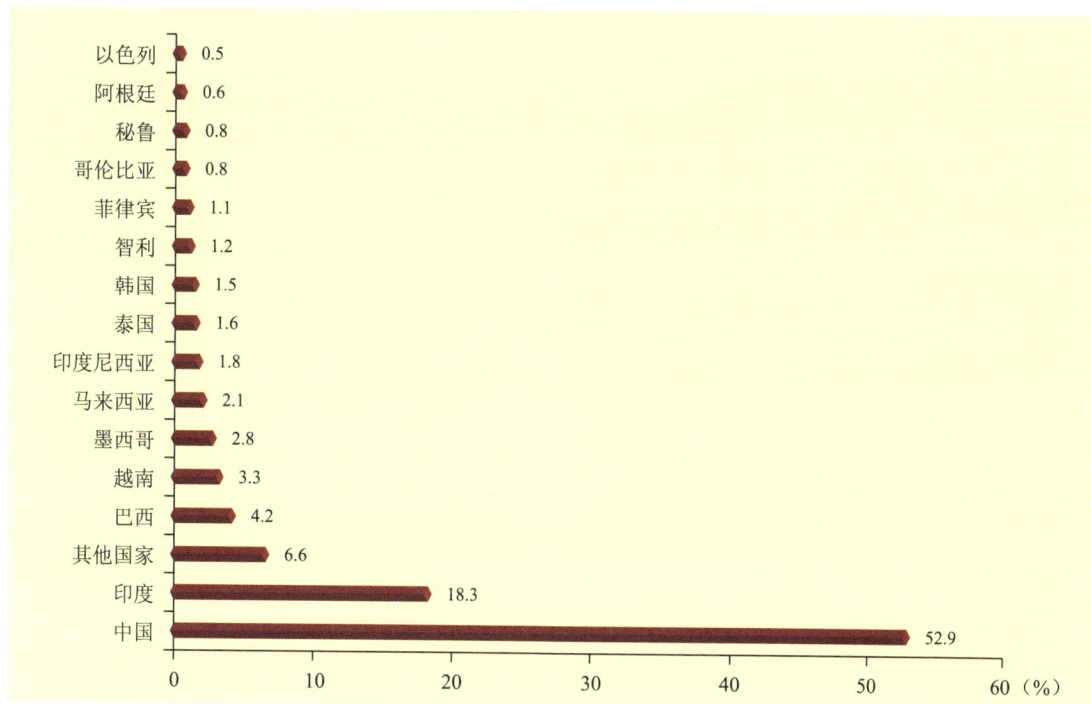

注：时间截至 2012 年 12 月 31 日。

数据来源：EB 网站。

据 EB 网站统计，截至 2012 年 12 月 31 日，中国成功注册项目占东道国注册项目总数的 52.9%。排名世界第二位的印度的已注册 CDM 项目不足中国的一半。

中国已注册成功的CDM项目的部门分布

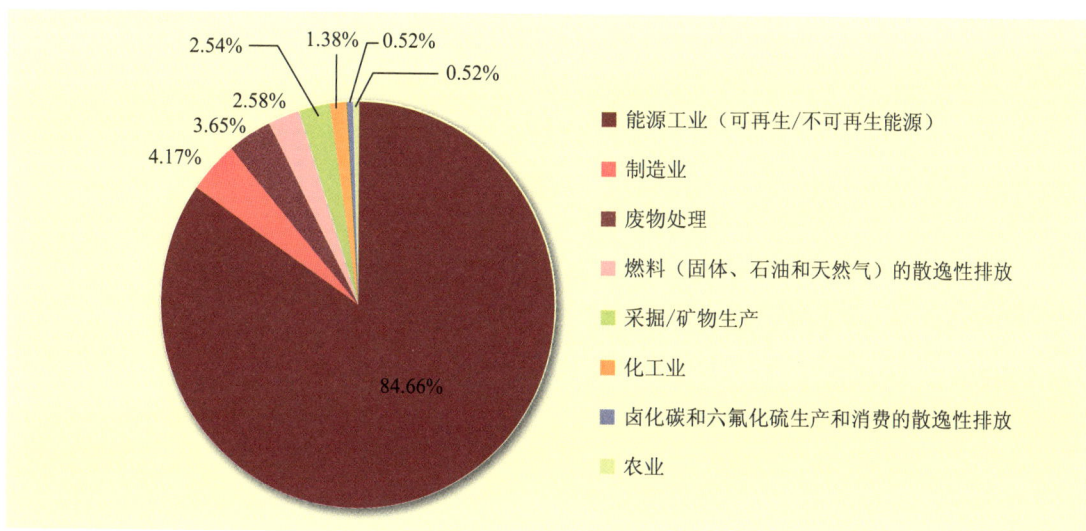

注：时间截至 2012 年 7 月 7 日。

数据来源：中国清洁发展机制网。

世界已注册成功的CDM项目的部门分布

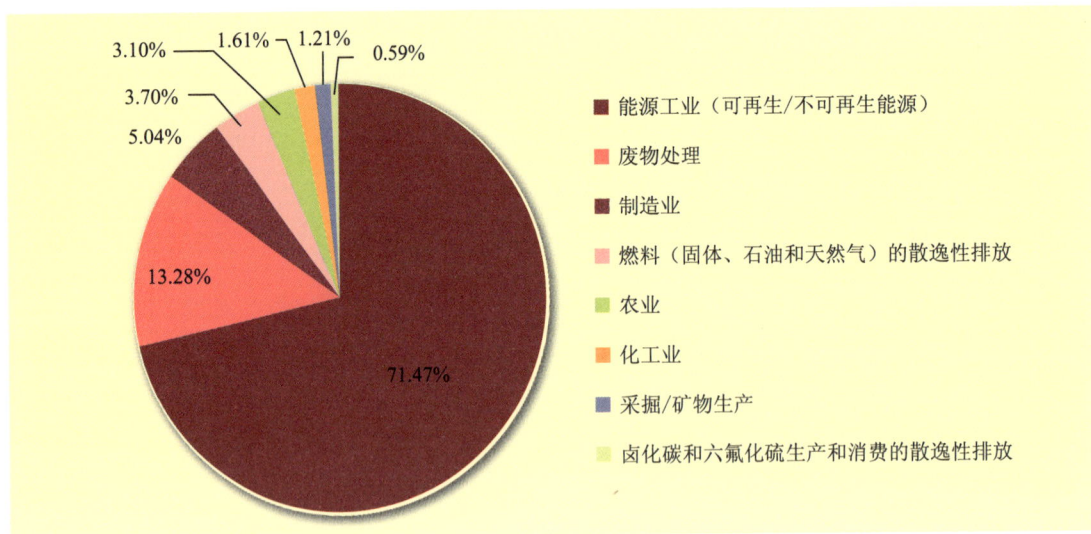

注：时间截至 2012 年 7 月 7 日。

数据来源：中国清洁发展机制网。

　　从已注册成功 CDM 项目所在部门的分布来看，不论是中国还是世界范围内，能源工业（可再生／不可再生能源）已注册成功的 CDM 项目占有绝对数量优势。这主要是因为能源工业基本上是高耗能产业。截至 2012 年 7 月 7 日，能源工业的 CDM 项目数分别占中国和全球 CDM 项目数的 85% 和 71%。但是，不管是在中国还是世界范围内，能源工业 CDM 项目的减排量都没有占绝对优势。目前中国的 CERs 很大一部分来自非二氧化碳、非甲烷气体减排项目，而来自提高能源效率、发展新能源和可再生能源及回收利用甲烷和煤层气项目的 CERs 比较少。

世界已签发CDM项目的国家分布

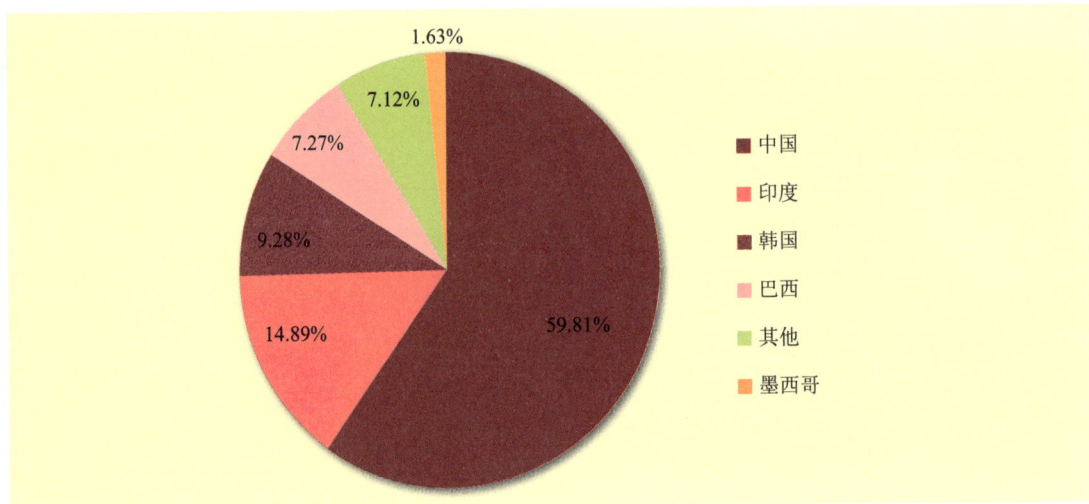

注：时间截至 2012 年 7 月 7 日。

数据来源：联合国气候变化框架公约（UNFCCC）。

从签发量上来说，CDM 项目主要集中在经济实力和政治影响较为突出的几个发展中大国，而其他较为贫穷的发展中国家 CDM 项目较少，难以通过 CDM 获得先进的技术和设备。中国目前已有的 842 个 CDM 项目共获得 573 701 071 吨 CERs 签发，占东道国 CDM 项目签发总量的 59.81%，而中国、墨西哥、巴西、韩国和印度的签发总量占到了世界的 92.88%。

中国CDM项目估计年减排量的分布

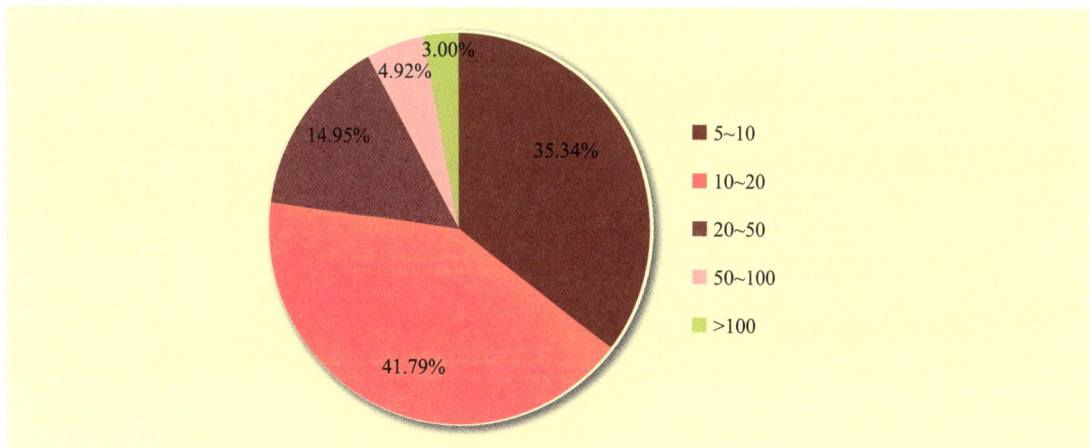

注：时间截至 2012 年 7 月 7 日，单位为万吨二氧化碳当量。

数据来源：中国清洁发展机制网。

中国 CDM 项目的年减排量有限。据调查，中国 92% 的 CDM 项目估计年减排量都小于 50 万吨二氧化碳当量，大于 100 万吨二氧化碳当量的数目仅有 3%。

中国CDM项目的区域数量分布

注：时间截至 2012 年 7 月 7 日。

数据来源：中国清洁发展机制网。

中国 CDM 项目数量的地区分布很不均衡。截至 2012 年 7 月 7 日，内蒙古和云南的 CDM 项目数均超过了 200。内蒙古的 CDM 项目数居全国第一，为 229；云南紧随其后，达到了 215；其他 CDM 项目数比较多的地区有：四川（178）、甘肃（145）、湖南（108）和河北（101），项目数均超过了 100。相对而言，项目数比较少的地区主要包括：海南（13）、上海（11）、北京（9）、西藏（0）。

中国近些年环境交易所的发展状况如何？

中国环境交易所主要发展历程

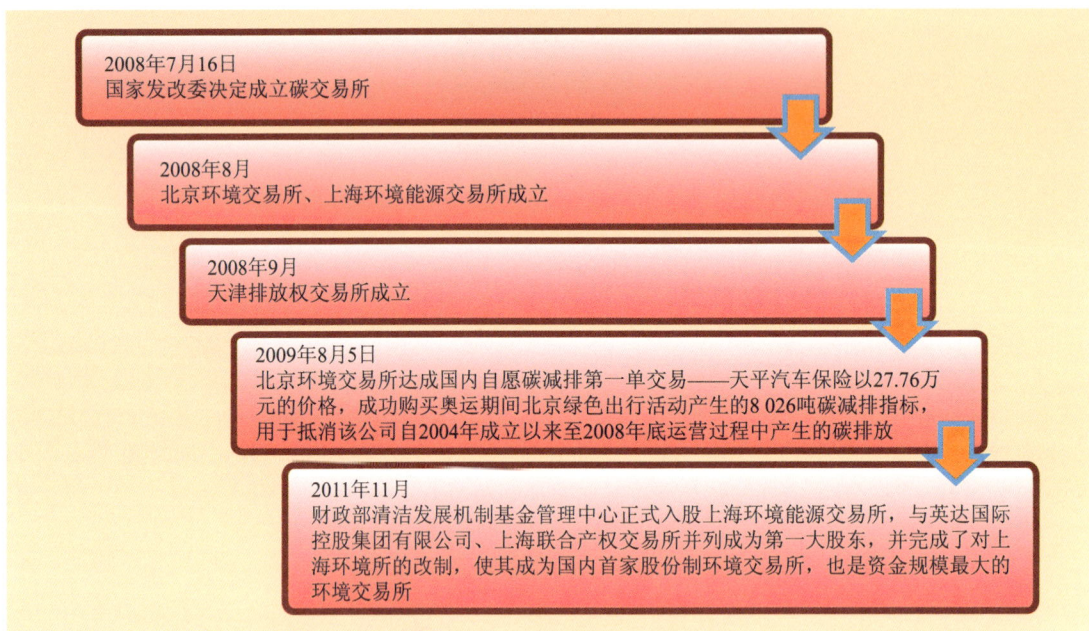

2008年7月16日
国家发改委决定成立碳交易所

2008年8月
北京环境交易所、上海环境能源交易所成立

2008年9月
天津排放权交易所成立

2009年8月5日
北京环境交易所达成国内自愿碳减排第一单交易——天平汽车保险以27.76万元的价格，成功购买奥运期间北京绿色出行活动产生的8 026吨碳减排指标，用于抵消该公司自2004年成立以来至2008年底运营过程中产生的碳排放

2011年11月
财政部清洁发展机制基金管理中心正式入股上海环境能源交易所，与英达国际控股集团有限公司、上海联合产权交易所并列成为第一大股东，并完成了对上海环境所的改制，使其成为国内首家股份制环境交易所，也是资金规模最大的环境交易所

面对正在走来的低碳社会，中国开始用市场化机制推动节能减排，专业的环境权益交易机构如雨后春笋般涌现。在北京、上海、天津三家龙头环境交易所带动下，广州、武汉、深圳、杭州、大连、昆明、河北、新疆、安徽等地的环境交易所相继成立；其他一些地区虽未设立专业的交易所，但也成立了环境权益交易平台。

中国的碳交易市场建设取得了哪些进展？

2011 年 10 月，国家发改委决定在北京、天津、上海、重庆、湖北、广东及深圳等 7 个省市开展碳排放权交易试点，以落实国家"十二五"规划关于逐步建立国内碳排放交易市场的要求，推动运用市场机制以较低成本实现 2020 年控制温室气体排放行动目标。这标志着中国的碳排放权交易试点工作进入实质化阶段。随后，北京、天津、上海等试点城市开始着手测算并确定本地区温室气体排放总量控制目标和指标分配方案，探索建立各地区碳排放权交易监管体系和交易平台。

北京市在碳交易市场建设方面的主要举措

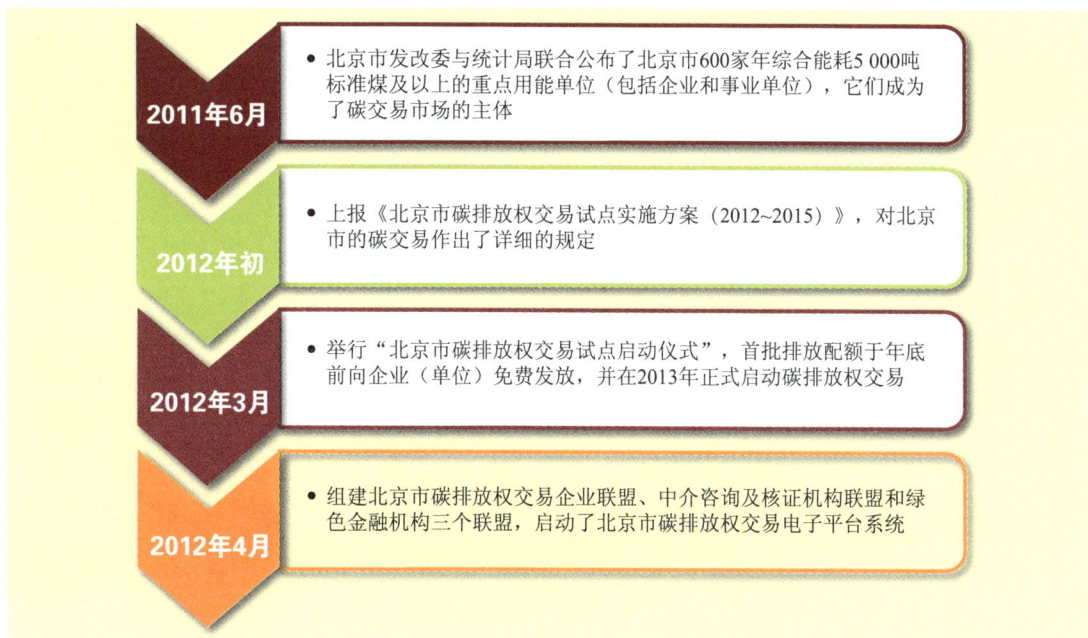

```
2011年6月  • 北京市发改委与统计局联合公布了北京市600家年综合能耗5 000吨
            标准煤及以上的重点用能单位（包括企业和事业单位），它们成为
            了碳交易市场的主体

2012年初   • 上报《北京市碳排放权交易试点实施方案（2012~2015）》，对北京
            市的碳交易作出了详细的规定

2012年3月  • 举行"北京市碳排放权交易试点启动仪式"，首批排放配额于年底
            前向企业（单位）免费发放，并在2013年正式启动碳排放权交易

2012年4月  • 组建北京市碳排放权交易企业联盟、中介咨询及核证机构联盟和绿
            色金融机构三个联盟，启动了北京市碳排放权交易电子平台系统
```

北京市在碳交易市场建设方面已经开展了积极的努力。北京在 7 个碳排放权交易试点地区中首先宣布启动碳交易试点。其余几个试点地区也初步计划 2013 年启动相关试点交易，以期能在2015 年建成全国性的市场。

《北京市碳排放权交易试点实施方案(2012~2015)》内容要点

方案要点	主要内容
交易产品	①直接二氧化碳排放权； ②间接二氧化碳排放权； ③由中国温室气体自愿减排交易活动产生的中国核证减排量（CCER）
交易主体	北京市辖区内 2009~2011 年，年均直接或间接二氧化碳排放总量 1 万吨（含）以上的固定设施排放企业（单位），超过 600 家
碳交易分配额度	配额分年度发放： ① 2013 年排放配额基于企业（单位）2009~2011 年排放水平，按配额分配方案计算确定，在2012 年 12 月前向企业（单位）免费发放； ② 2014、2015 年排放配额分别根据上一年度排放水平计算确定，在每年 5 月前发放； ③ "十二五"期间，除免费发放的配额外，政府预留少部分配额，通过拍卖方式进行分配

同期，上海市碳交易试点也正式起步。2012 年 7 月 31 日，上海发布了《上海市人民政府关于本市开展碳排放交易试点工作的实施意见》，表示将依托上海环境能源交易所，建立上海市碳排放交易平台，建设交易系统，组织开展交易。2013 年 1 月，上海市印发了《上海市温室气体排放核算与报告指南（试行）》，以及钢铁、电力、建材、有色、纺织、造纸、航空、大型建筑（宾馆、商业和金融）和运输站点等 9 个上海碳排放交易试点相关行业的温室气体排放核算方法，为该市开展碳排放交易工作提供了重要技术支撑。

第五章

中国在低碳经济、低碳发展方面作出了哪些努力？

为实现 2020 年特别是"十二五"期间中国降低能源强度和碳强度的目标，推动绿色低碳发展，中国政府及公众积极行动，具有中国特色的低碳模式正在探索中逐步发展。

2010 年 7 月 10 日，国家发改委发布《关于开展低碳省区和低碳城市试点工作的通知》，确定首先在广东、辽宁、湖北、陕西、云南 5 省和天津、重庆、深圳、厦门、杭州、南昌、贵阳、保定 8 市开展低碳试点工作。

中国首批低碳试点省区和城市

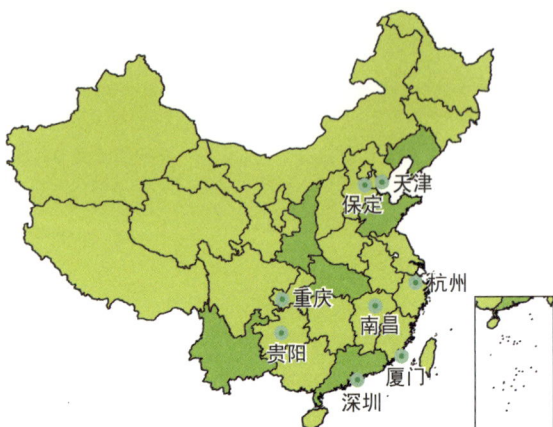

资料来源：《中国应对气候变化的政策与行动——2010 年度报告》。

2012 年 4 月，国家发改委下发了《关于组织推荐申报第二批低碳试点省区和城市的通知》，确立了包括北京、上海、海南和石家庄等 29 个省区和城市成为中国第二批低碳试点。至此，中国已确定了 6 个低碳试点省区，36 个低碳试点城市，至今中国大陆 31 个省区市中除湖南、宁夏、西藏和青海以外，每个地区至少有一个低碳试点城市，低碳试点已经基本在全国全面铺开。

中国在碳排放统计核算和低碳能力建设方面开展了哪些工作？

中国政府目前已完成的基础统计工作

- 2011年9月，国家统计局出台了《关于加强和完善服务业统计工作的意见》，为建立健全服务业能源统计奠定坚实基础
- 2011年12月，国务院机关事务管理局制定了《公共机构能源资源消耗统计制度》，组织完成了"十一五"期间和2011年全国公共机构能源资源消耗情况汇总分析和国家机关办公建筑、大型公共建筑能耗统计
- 2012年5月，住房和城乡建设部修订了《民用建筑能耗和节能信息统计报表制度》
- 2012年5月，国家林业局进一步加快推进全国林业碳汇计量与监测体系建设，试点已扩大到17个省市
- 2012年8月，交通运输部组织开展交通运输行业碳排放统计监测研究，并已对该项目进行评审验收

过去几年，中国政府正在积极努力，建立健全温室气体排放基础统计制度，推进温室气体清单编制和排放核算。2011 年国务院发布的"十二五"控制温室气体排放工作方案中，明确提出中国将加快建立温室气体排放统计核算体系。

《省级温室气体清单编制指南（试行）》要求编写内容

清单内容	主要编制范围
2005 年温室气体排放清单总报告	陕西、浙江、湖北、云南、辽宁、广东和天津 7 个省市
温室气体清单分报告	能源、工业生产过程、农业、土地利用变化及林业、废弃物 5 个领域
温室气体清单编制	除陕西、浙江、湖北、云南、辽宁、广东和天津外的其他 24 个省区市
温室气体排放核算方法和报告规范	化工、建材、钢铁、有色、电力、航空等行业企业

资料来源：《中国应对气候变化的政策与行动——2012 年度报告》。

为大力推进温室气体清单编制和排放核算，国家发改委 2010 年下发了《省级温室气体清单编制指南（试行）》，组织完成中国 2005 年温室气体清单和第 2 次国家信息通报编制工作。

2010~2012年部分国家部委的低碳研究进展

年份	政府机构	主要研究
2010	国土资源部	开展"应对全球气候变化地质响应与对策"调查和研究工作
	交通运输部	开展低碳交通运输体系建设城市试点
2011	中国气象局	开展了多模式超级集合、动力与统计集成等客观化气候预测新技术的研发和应用
	卫生部	启动气候变化对人类健康的影响与适应机制研究
	环境保护部	开展钢铁、水泥、交通等重点行业大气污染物与温室气体排放协同控制政策与示范研究
2012	科技部、国家发改委等部门	发布了《"十二五"国家应对气候变化科技发展专项规划》
	科技部	通过 973 计划支持"应对气候变化科技专项"和全球变化研究国家重大科学研究计划，支持气候变化领域基础研究工作
	水利部	开展气候变化对水利影响方面的关键技术研究，开展水利应对气候变化影响的适应性对策措施研究
	国家林业局	初步完成中国森林对气候变化响应与林业适应对策研究

资料来源：《中国应对气候变化的政策与行动——2012 年度报告》。

为加快低碳技术研发、应用及推广，国家各级政府机构近些年积极开展科学研究，各种低碳项目及示范工程也正在大规模开展。2011 年，国家发改委组织启动"国家低碳技术创新和产业化示范工程"首批项目，批复了钢铁、有色、石化 3 个行业共 20 个示范工程。2011-2012 年度，能源领域安排科技计划项目共计 59 项，国拨经费总计 27.4 亿元。

中国在引导社会公众践行低碳生活方式方面主要采取了哪些行动？

2012年中国媒体低碳大纪事

中国新闻社举行"低碳发展•绿色生活"公益影像展

中国经济导报社等媒体举办了"2011中国应对气候变化和低碳发展十大新闻"评选活动

中央电视台等媒体摄制完成了《环球同此凉热——气候文明之旅》、《变暖的地球》等纪录片

越来越多的互联网媒体专门设立了关于气候变化的相关专题，及时追踪报道全球应对气候变化的热点新闻，宣传低碳生活理念

新华社、人民日报、中央电视台等主流媒体及环境气候领域的专业媒体围绕气候变化国际谈判德班会议及有关重大文件发布开展了一系列专题报道和深度报道

各大新闻媒体积极利用形式多样的方式，围绕气候变化、绿色发展、低碳发展等主题，开展了丰富多彩的宣传报道活动，使社会公众逐渐接受低碳生活理念。

中国公众近些年开展的主要低碳活动

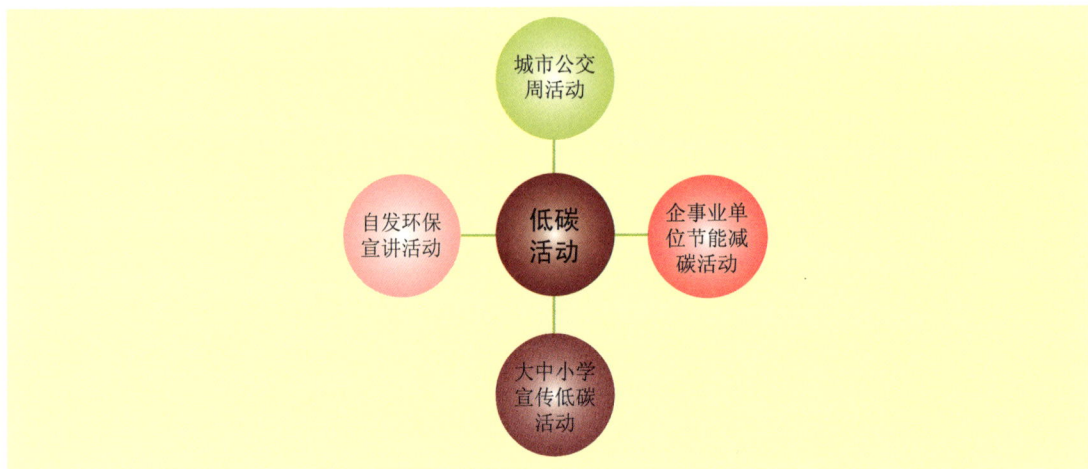

中国公众积极参与应对气候变化的活动，逐渐将低碳理念贯彻到生活的方方面面，积极进行低碳出行、低碳旅游、低碳饮食等低排放的生活方式。尤其是"十二五"以来，在媒体的宣传和

政府的引导下，越来越多的公众意识到低碳生活的重要性，各种公众参与活动相继开展，公众对于绿色出行、低碳办公、能源节约、环境保护的社会意识明显提升。

近几年中国部分非政府组织的低碳行动

组织名称	低碳行动
中国可再生能源行业协会	主要通过联合其他组织举办中国低碳照明、低碳建筑、节能环保建材、低碳交通及新能源汽车等领域的论坛、博览会，促进企业交流合作，推动产业快速发展
中华环境保护基金会	主办以"积极行动，应对气候变化"为主题的大学生环保公益活动，引导大学生开展应对气候变化公益活动实践，推动节能减排全民行动
中国绿色碳汇基金会	发起了"绿化祖国、低碳行动"植树节活动。近40家中外民间组织共同发起了气候公民超越行动（C+）计划，倡导企业、学校、社区和个人积极参与应对气候变化的活动
世界自然基金会	组织中国的"地球一小时"公益活动
中国国际民间组织合作促进会、中国民促会绿色出行基金	在辽宁、北京、天津、杭州等15个省市组织"酷中国——全民低碳行动计划"项目及低碳公众宣传教育巡展活动

资料来源：《中国应对气候变化的政策与行动——2012年度报告》。

　　中国的低碳发展离不开非政府组织的积极行动，随着中国对低碳发展重视程度的提高，越来越多的非政府组织开始投入到节能减排活动中。

中国近些年在低碳国际合作方面作出了哪些贡献？

近些年中国参加的国际气候会议及其贡献

年份	会议名称	会议贡献
2007	巴厘岛联合国气候变化谈判会议	在此次大会上提出的三项建议，包括最晚于2009年底谈判确定发达国家2012年后的减排指标，切实将《联合国气候变化框架公约》和《京都议定书》（下称《公约》）和《议定书》中向发展中国家提供资金和技术转让的规定落到实处等，得到了与会各方的认可，并最终被采纳到该路线图中
2009	哥本哈根会议	提出了中国关于哥本哈根会议的原则、目标，就进一步加强《公约》的全面、有效和持续实施，以及发达国家在《议定书》第二承诺期进一步量化减排指标等方面阐明了立场
2010	墨西哥坎昆会议	在会议中积极与各方沟通协调，从各个层面与各方坦诚、深入交换看法，增进相互理解，凝聚政治推动力。利用"77国集团＋中国"和"基础四国"等机制加强与广大发展中国家的沟通协调，利用各种渠道加强与发达国家的对话，为开好坎昆会议做了有效铺垫
2011	南非德班会议	坚持维护谈判进程的公开透明、广泛参与和协商一致，以认真、负责、开放、务实的姿态，为德班会议最终取得一揽子平衡成果、确保谈判沿正轨前进作出了重要贡献； 首次在联合国气候变化大会期间以中国代表团名义举办了为期9天、包含23场主题活动的"中国角"系列边会活动
2012	多哈气候大会	坚持履行《公约》的原则和规定，共同推动应对气候变化的国际合作，实现互利共赢

资料来源：《中国应对气候变化的政策与行动——2011年度报告》、《中国应对气候变化的政策与行动——2012年度报告》。

第五章

　　中国坚持《联合国气候变化框架公约》和《京都议定书》的双轨谈判机制，坚持缔约方主导、公开透明、广泛参与和协商一致的规则，坚持"共同但有区别的责任"原则，积极参与各种国际气候谈判，加强与国际各方的沟通交流，促进各方凝聚共识，为最终决议作出了积极有效的贡献。

中国主要低碳国际合作行动

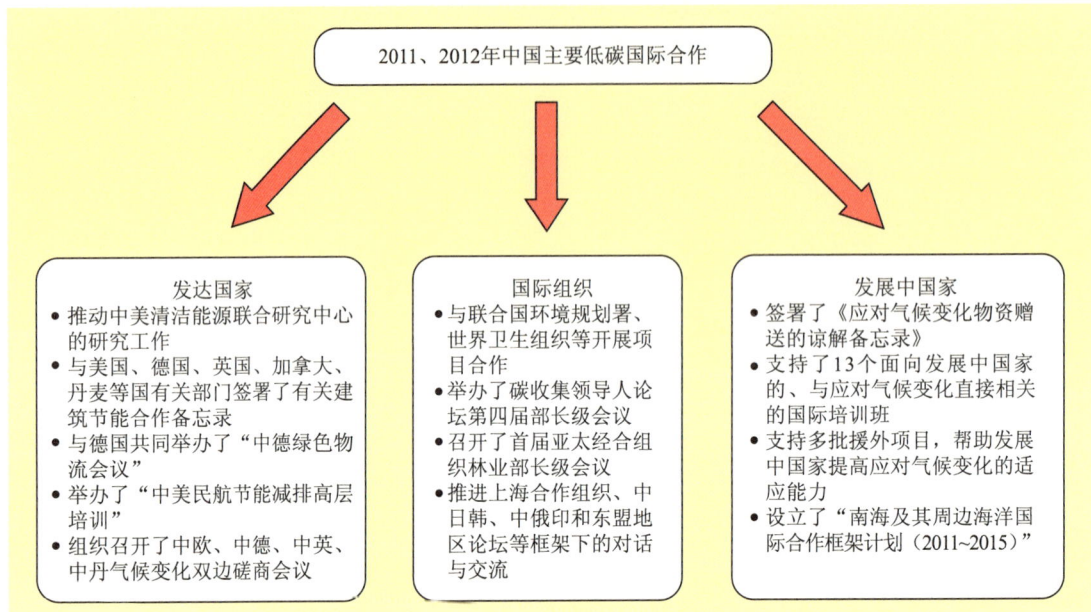

资料来源：《中国应对气候变化的政策与行动——2011 年度报告》、《中国应对气候变化的政策与行动——2012 年度报告》。

　　"十二五"以来，中国加强低碳国际合作交流，各种形式的低碳国际合作逐渐展开。此外，中国秉承"加强务实合作、实现互利共赢"的原则，积极参加和推动与世界各国、各机构的务实合作；通过与各国政府、组织和机构的交流，推动世界各国共同采取行动，开创全球生态、环保、低碳领域合作的新局面。

第六章

中国能源安全的形势与展望

　　1974年，受石油危机影响较大的国家成立了国际能源署（IEA），正式提出了以稳定原油供应和价格为核心的国家能源安全概念。随着时代发展、国际环境变化和自身经济建设的需要，中国对能源的需求来源逐渐从自给自足转变为依赖进口。目前，中国已成为世界第二大石油进口国，进口量占全球石油进口总量的12%，能源安全已成为中国经济安全的重要方面。

中国目前能源安全的主要问题有哪些？

能源安全可概括为满足国家经济发展需求的可靠的、买得起的、持续的能源供应，同时能源的生产和使用不会破坏生态环境的可持续发展。

中国能源安全的主要问题

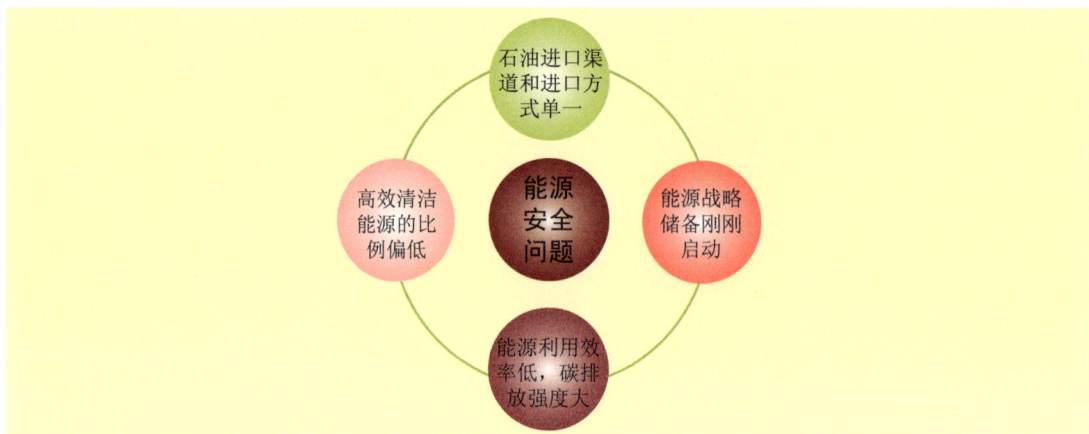

中国是当今世界上少数能源结构以煤炭为基础的国家之一，然而，随着经济社会可持续发展，要求中国能源消费结构逐步清洁化，石油和天然气在一次能源消费中的比例逐渐扩大，中国已经成为世界第二大石油消费国。由于国内经济发展对石油的依赖程度越来越高，加上受国内石油生产能力的制约，2012年中国石油对外依存度达到58.3%，能源安全问题凸显。此外，中国能源利用效率较低、清洁能源比重低、能源战略储备建设刚起步等都是能源安全问题的重要体现。

中国的能源进出口状况及其变化趋势如何？

1980~2011年中国一次能源生产量和能源消费总量

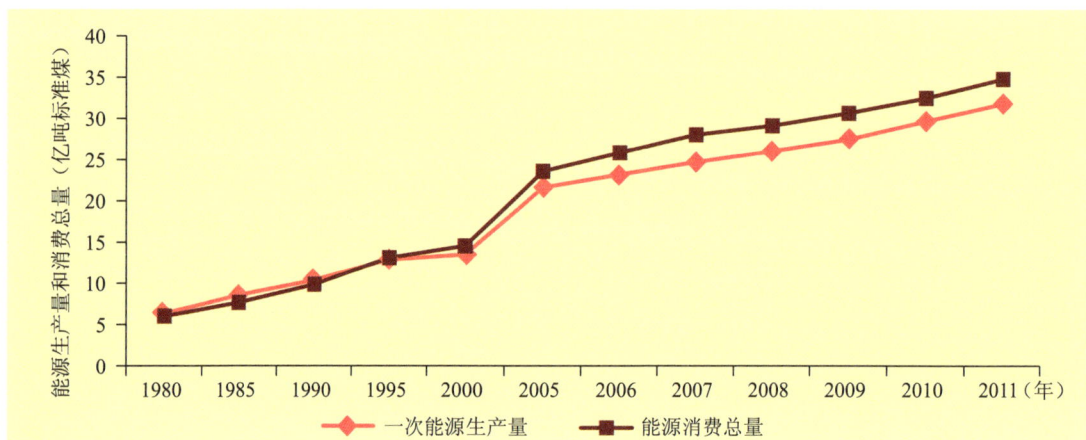

数据来源：《中国统计年鉴2012》。

1980 年以来，中国一次能源生产量和能源消费总量保持相对同步的增长速率与变化趋势。1980~1995 年，能源生产量略大于消费量。由于对石油进口的依赖程度不断攀升，1995 年后能源消费量一跃超过生产量，并且逐步拉开了两者的差距，2005 年后这种差距比以前明显扩大，但保持相对稳定至今。2011 年，中国一次能源生产量为 31.8 亿吨标准煤，消费总量为 34.8 亿吨标准煤（2012 年上升到 36.2 亿吨标准煤）。

1980~2010年中国综合能源进出口量

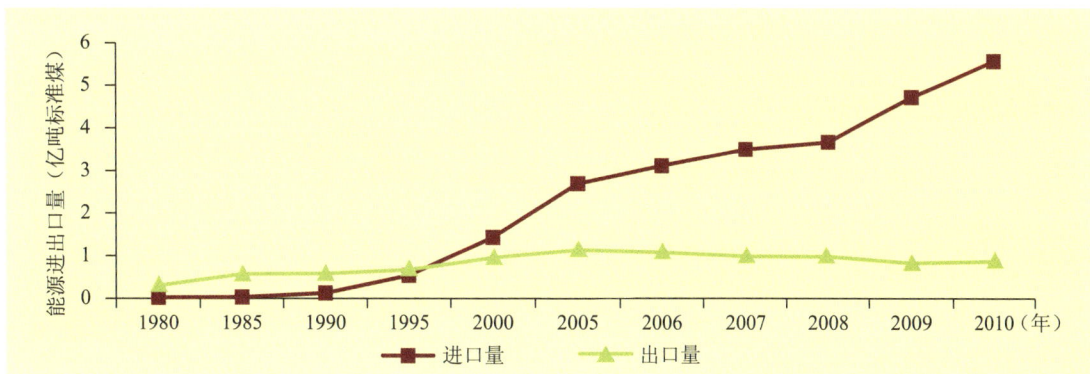

数据来源：《中国能源统计年鉴 2011》。

从中国综合能源进出口的发展趋势看，1980 年以来两者都有上升，但相对位置有变化，目前净进口量日益扩大。1990 年之前中国能源的进口量和出口量分别位于相对较低的水平，出口量略高于进口量。自 1990 年起，中国的能源进口量开始明显上升。到 1995 年，进口量超过出口量，中国成为综合能源的净进口国。此后，中国对能源的进口量不断扩大，而能源出口相对平稳，能源对外依存度不断提升。

中国的煤炭进出口变化趋势如何？

1980~2012年中国煤炭进出口量

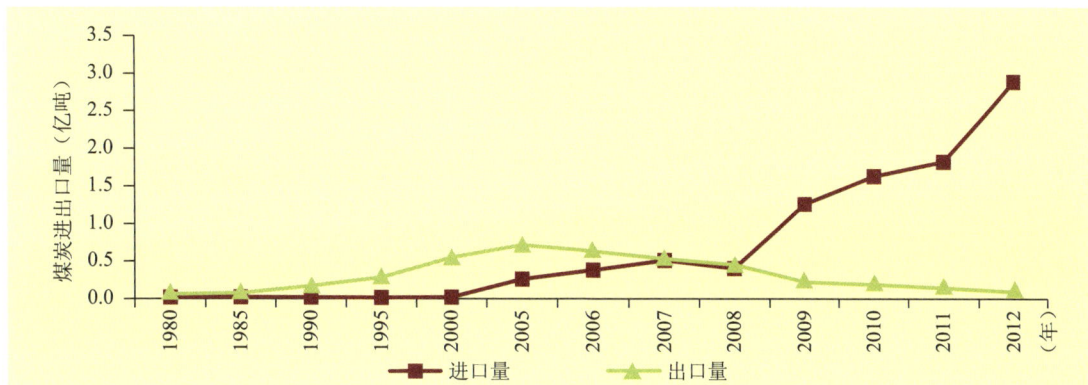

数据来源：《中国能源统计年鉴 2011》，国家发改委报告，海关统计数据。

2003 年之前，中国一度是全球第二大煤炭出口国。2006 年开始，中国政府对煤炭进口相关税费进行调节，旨在促进煤炭进口，缓解国内煤炭供需紧张的局面。随着国内需求的增加，以及世界金融危机对国际煤价的打压，2007~2008 年，中国由煤炭出口国转变为进出口基本平衡的国家，2009 年中国首次成为煤炭净进口国。2010、2011、2012 年中国煤炭继续保持净进口态势，净进口量分别达到 1.46 亿吨、1.68 亿吨、2.80 亿吨，中国煤炭已呈现净进口不断扩大的趋势。2011 年，中国成为全球最大的煤炭进口国。考虑到中国政府积极筹建煤炭的战略储备，预计中国未来几年煤炭进口量还会不断增加。

中国的石油进出口变化趋势如何？

1980~2012年中国石油进口量与出口量

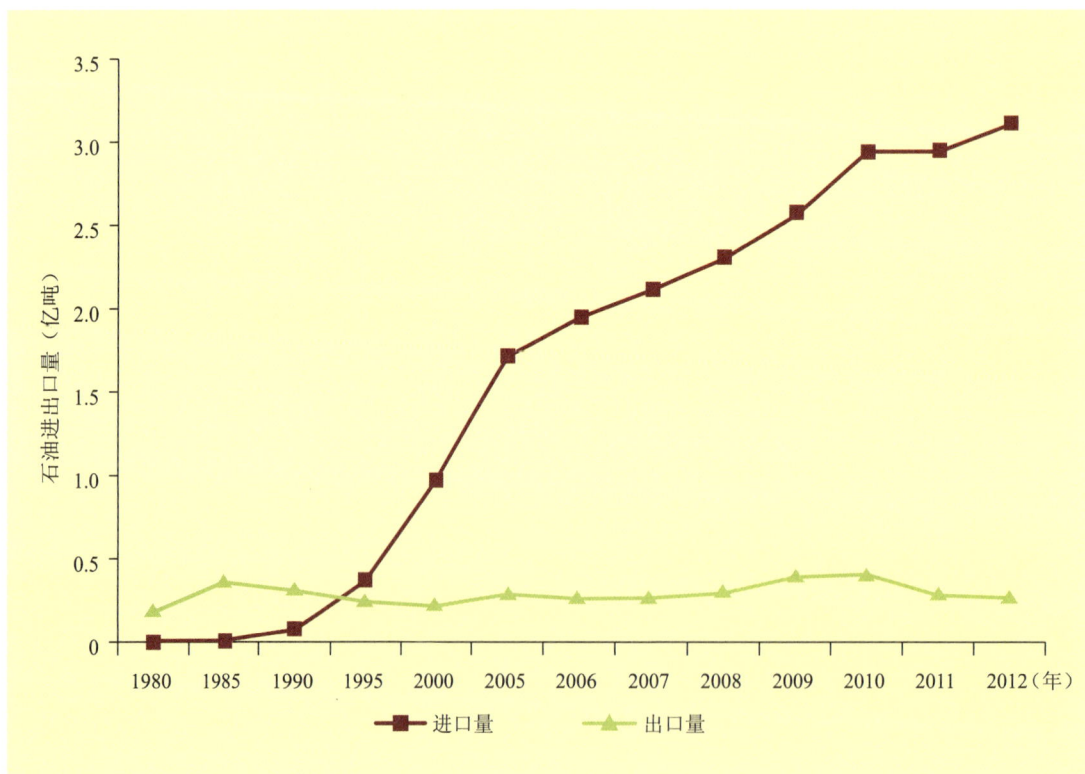

数据来源：2011、2012 年的数据来自中国海关统计，其他数据来自《中国能源统计年鉴 2011》。

1980 年以来，中国石油供需经历了由供大于求向供应不足快速转化的过程，石油进口量急剧攀升。1993 年，中国石油消费量超过产量，成为石油净进口国。此后，石油消费缺口不断增大，2005~2012 年，中国石油消费量增长 58%，而同时期石油生产量仅增长 14%，石油消费不得不加强对进口的依赖程度，石油对外依存度不断加大，2012 年中国石油对外依存度达到 58.3%。

中国近些年的原油进出口呈现何种变化趋势？

1980~2012年中国原油生产量和消费量

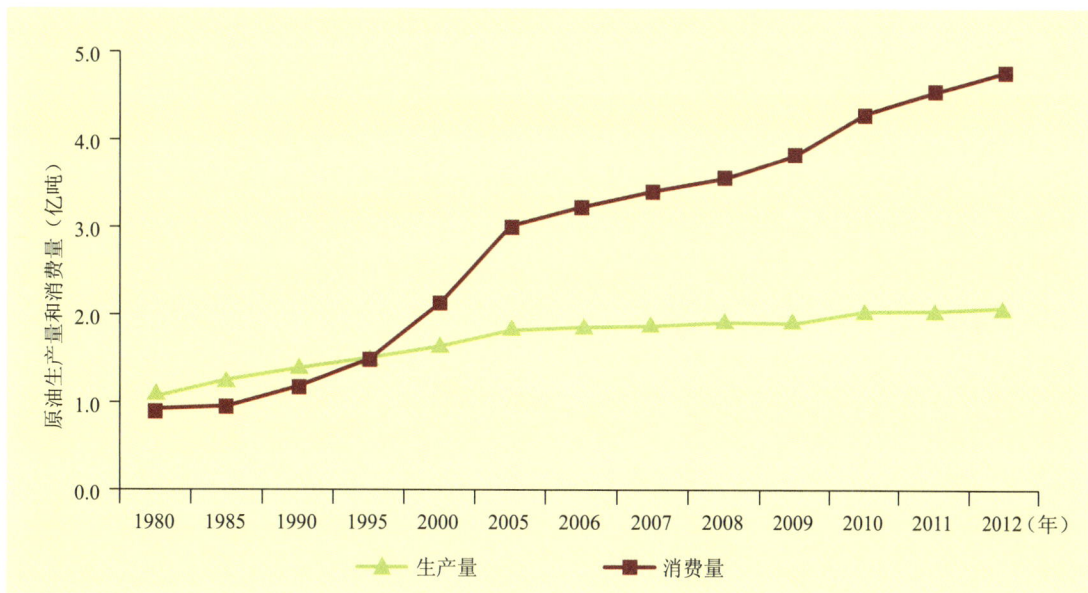

数据来源：2011、2012 年数据来自国家发改委，其他数据来自《中国能源统计年鉴 2011》。

　　1980 年以来，中国原油生产量和消费量都呈现持续上升趋势。1996 年，中国原油消费量超过生产量。2005 年以来，原油生产量基本保持平稳，而消费量一路攀升，供需缺口日益扩大。

1980~2012年中国原油进出口量

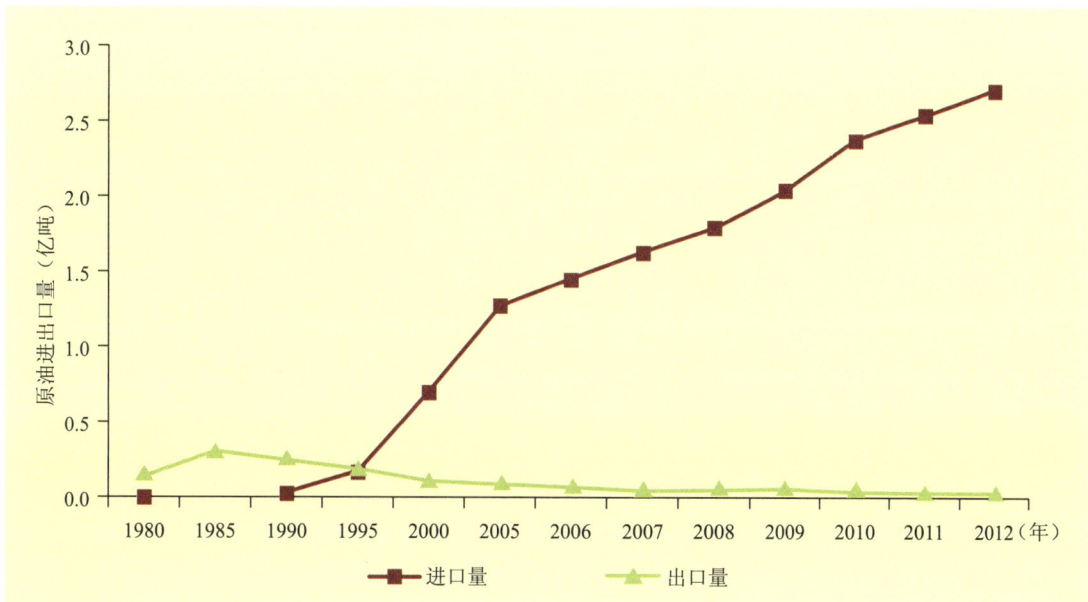

数据来源：2011、2012 年的数据来自中国海关统计，其他数据来自《中国能源统计年鉴 2011》。

第六章

1980~1995 年，国内原油生产基本能够满足原油消费，并有多余的原油以供出口。1996 年，中国原油进口量超过出口量，中国从此成为原油净进口国，中国原油消费量开始迅速提升，而国内有限的原油供应无法满足这种需求。此后由消费拉动原油进口上升成为中国原油进出口贸易的基本形势，直至现在。2011 年，中国原油对外依存度首次超过 55%，2012 年达到 56.4%。

中国近些年的成品油进出口呈现何种变化趋势？

1980~2012年中国柴油生产量和消费量

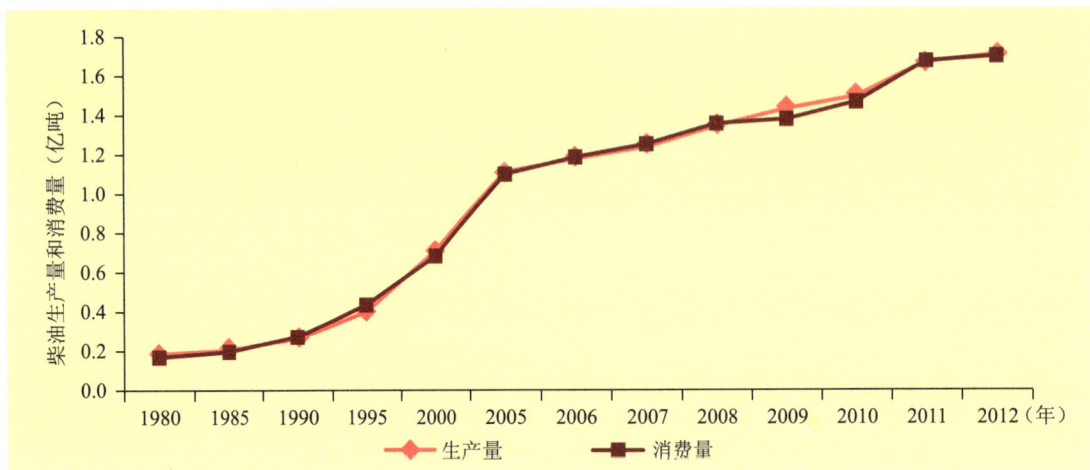

数据来源：2011、2012 年数据来自国家发改委，其他数据来自《中国能源统计年鉴 2011》。

随着中国城镇化、工业化进程加速，成品油在中国的消费需求与日俱增。柴油是成品油消费的主要品种之一。多年来，中国的柴油生产和消费以较快速度增长，但国内生产基本能够满足消费。

1980~2012年中国柴油进出口量

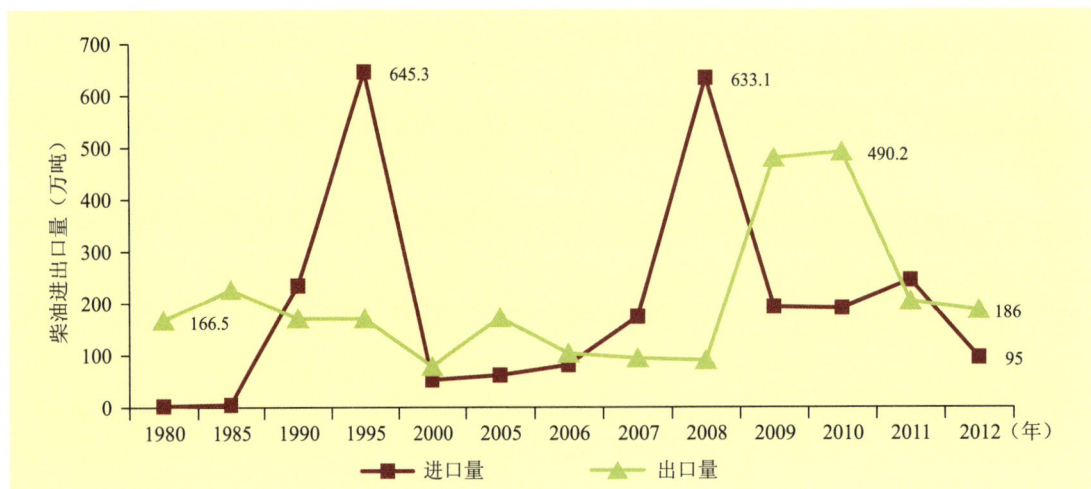

数据来源：2011、2012 年数据来自国家发改委，其他数据来自《中国能源统计年鉴 2011》。

中国的柴油进出口量一直维持在较低水平，但每年的进口量变化较大。2007 年中国柴油进口量迅速上升，到 2008 年下半年两座新的大型炼油厂投入使用，情况得以改善。柴油出口量自 2009 年有所上升并保持了相对高位；2011 年，由于国内电力短缺造成柴油需求上升，中国政府一度暂停柴油出口、增加进口以应对这种局面。2012 年，由于国内供应较为充足，同时国家也加强了对成品油出口的管理，柴油进出口量均出现下降，出口略高于进口。

1980~2012年中国汽油生产量和消费量

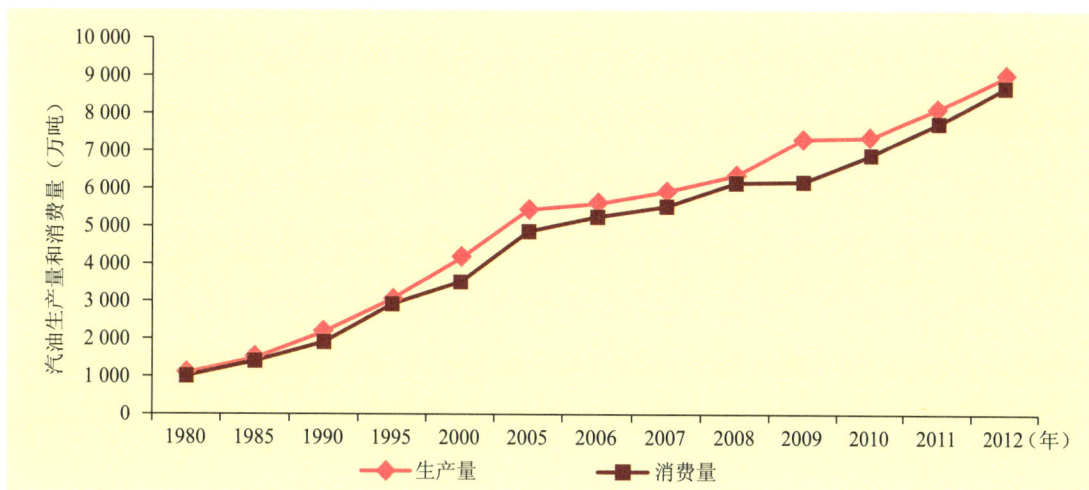

数据来源：2011、2012 年数据来自国家发改委，其他数据来自《中国能源统计年鉴 2011》。

尽管近些年由于家庭轿车逐步普及，中国汽油消费量稳步增加，但中国汽油生产基本可以满足国内消费。历史数据表明，1980 年以来，中国汽油生产量和消费量大致相当，生产量略大于消费量，并且都保持着稳定的增长趋势。

1980~2012年中国汽油进出口量

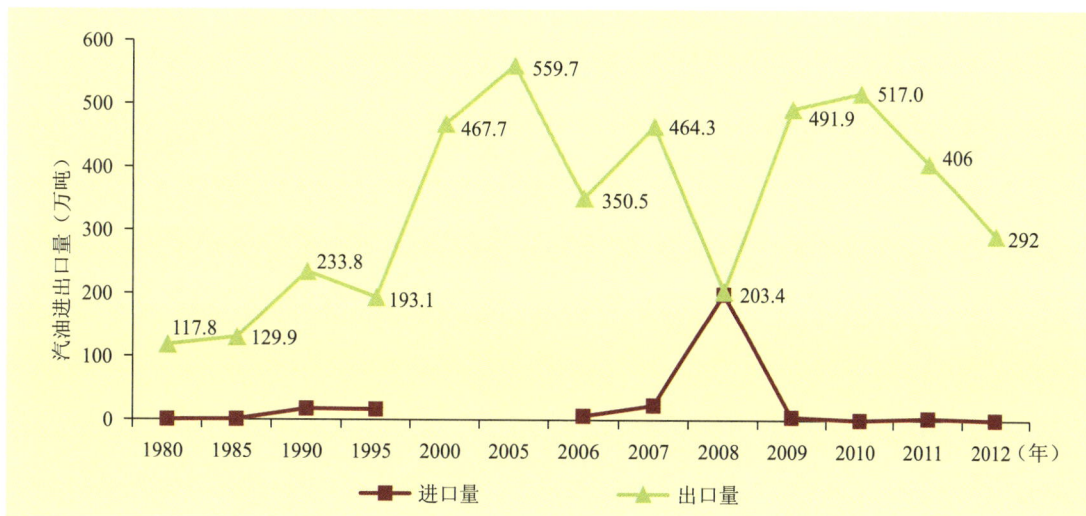

数据来源：2011、2012 年数据来自国家发改委，其他数据来自《中国能源统计年鉴 2011》。

中国对外出口一定数量的汽油，也进口少量汽油（有的年份不进口）；出口量一般明显超过进口量。

1980~2012年中国煤油生产量和消费量

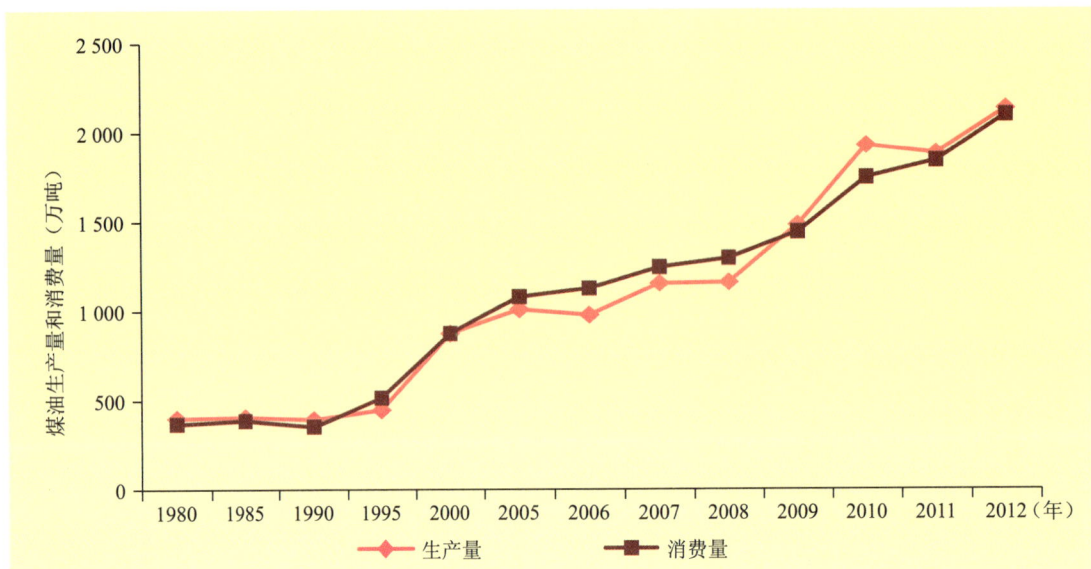

数据来源：2011、2012年数据来自国家发改委，其他数据来自《中国能源统计年鉴2011》。

煤油是航空运输的主要燃料，约有95%的煤油产量供应航空煤油。随着国民经济的发展，国内外合作交流的增多促进了中国航空业的腾飞，同时带动航空煤油的消费量也逐年增加，但中国煤油的生产量基本上能够满足消费需求。

1980~2012年中国煤油进出口量

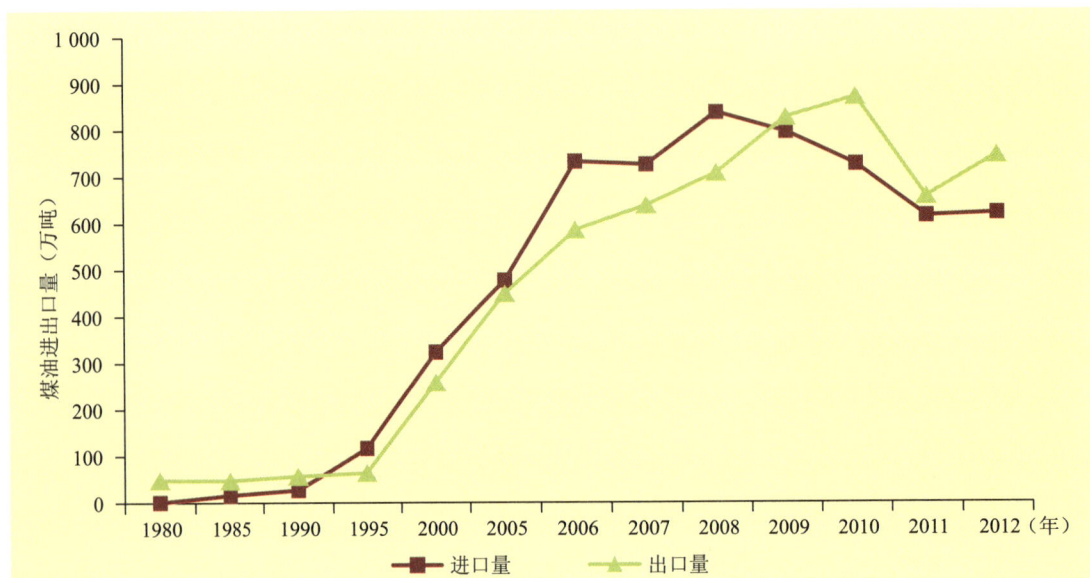

数据来源：2011、2012年数据来自国家发改委，其他数据来自《中国能源统计年鉴2011》。

2009 年之前，中国很长一段时期处于煤油净进口地位，而 2009 年中国煤油出口超过进口，这主要是由于受当时国内经济下行影响，为了降低由需求减少造成的库存压力，中国国内企业选择了加大出口、减少进口的策略。中国国内航空煤油的进口资源主要来自于韩国、日本、新加坡、泰国、马来西亚等国；由于给国外航班加油也计入出口，出口面向全世界 50 多个国家。

1980~2012年中国燃料油生产量和消费量

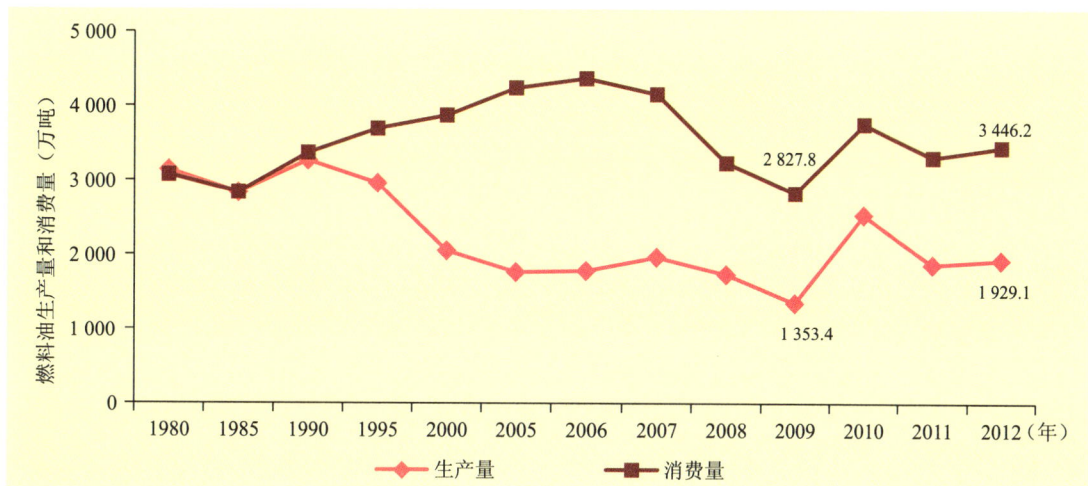

数据来源：《中国能源统计年鉴 2011》，国家统计局报告。

燃料油主要用于电厂、船舶、冶金及其他工业等方面。中国炼油大多采用深度加工，燃料油收率总体较低，生产量难以满足国内消费需求。同时，最近几年，由于天然气、液化石油气、煤炭等替代品的使用增加，燃料油需求增幅趋缓；但消费需求仍超过生产量。

1980~2012年中国燃料油进出口量

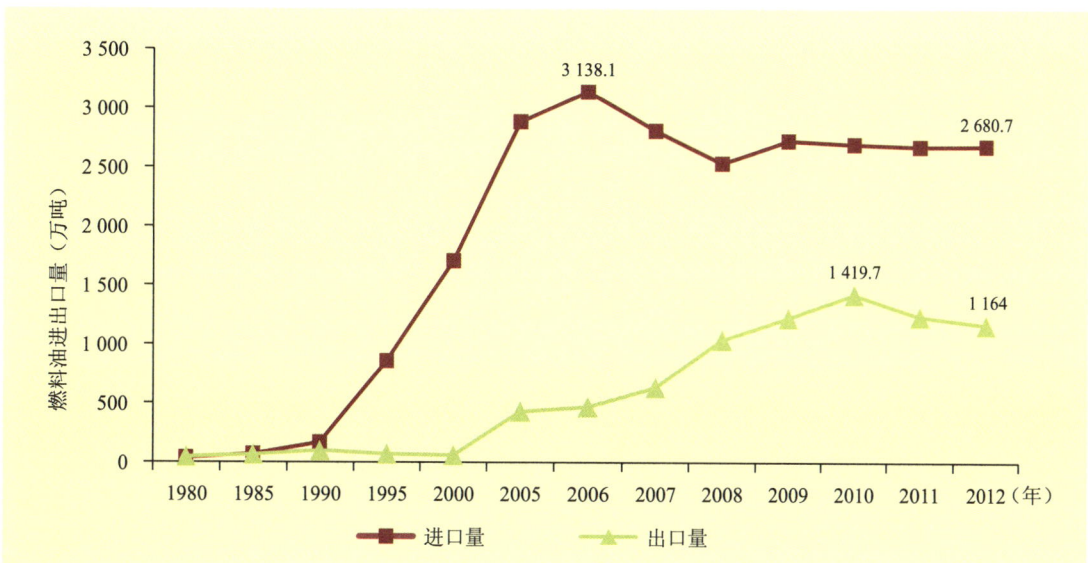

数据来源：中国海关总署。

第六章

由于国内燃料油产量难以满足需求，中国燃料油供应持续多年约有一半要依赖于进口，2004~2009年燃料油一直是中国除原油以外进口量最大的石油产品。2004年，中国燃料油进口量突破3 000万吨大关；随后由于国内产量增加和需求萎缩，对外依存度有所下降，但仍保持较高水平，2012年，中国燃料油对外依存度达到44%。中国的燃料油进口国主要包括新加坡、韩国、俄罗斯、委内瑞拉、日本和马来西亚。近年来，保税油库船供油市场规模不断扩大，刺激了燃料油出口。

1980~2012年中国液化石油气生产量和消费量

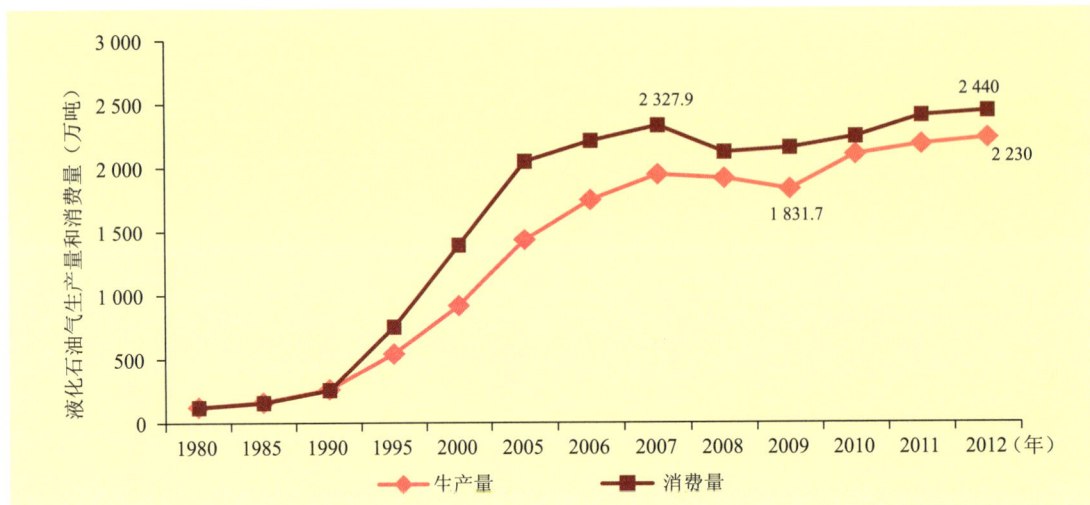

数据来源：《中国能源统计年鉴2011》，国家统计局报告。

近20年来，中国液化石油气的生产量与消费量都保持了稳步增加态势，但消费量一直高于生产量。

1980~2012年中国液化石油气进出口量

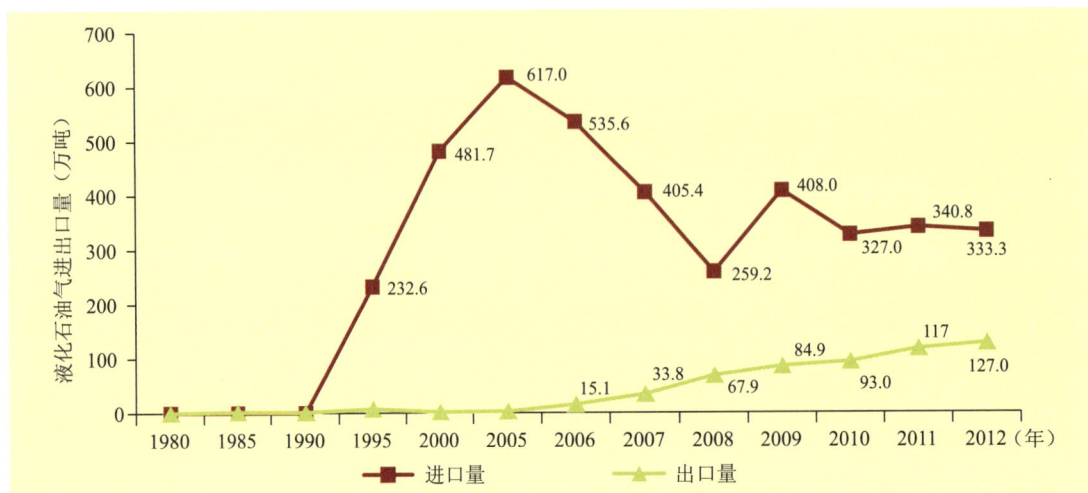

数据来源：中国海关总署。

1990 年以来，中国一直是液化石油气的净进口国。由于西气东输项目的投产和液化石油气价格的逐年上涨，造成中国的液化石油气在 2005 年之后的几年出现进口量下降，直至 2008 年受金融危机影响国际液化石油气价格下行，国内的进口量开始止跌反弹，有所增加。同时，出口量相对较少且一直保持缓慢增长态势，2006 年后增长速度有所上升，但仍远小于进口量。2012 年，中国的液化石油气对外依存度为 8.5%。

中国的天然气进出口呈现何种变化趋势？

1980~2012年中国天然气生产量和消费量

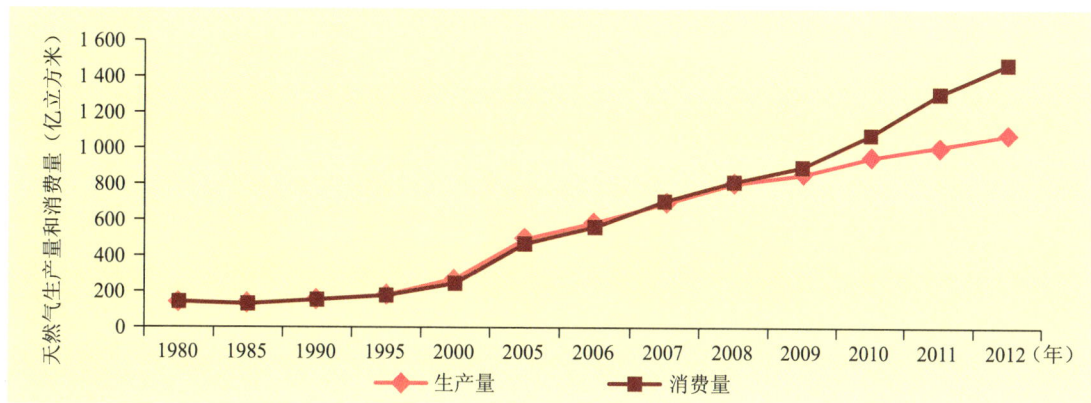

数据来源：2011、2012 年数据来自国家发改委，其他数据来自《中国能源统计年鉴 2011》。

2006 年之前，中国的天然气生产量能够满足消费需求，两者保持基本平衡状态；但此后，国内对天然气的消费需求快速增长，增速超过生产量，导致消费量超过生产量，而且缺口越来越大。2012 年，中国天然气生产量达到 1 077 亿立方米，而消费量达到 1 471 亿立方米，超出生产量 37%；2007~2012 年，中国天然气生产量增长了 56%，而消费量增长了 109%。

1980~2012年中国天然气进出口量

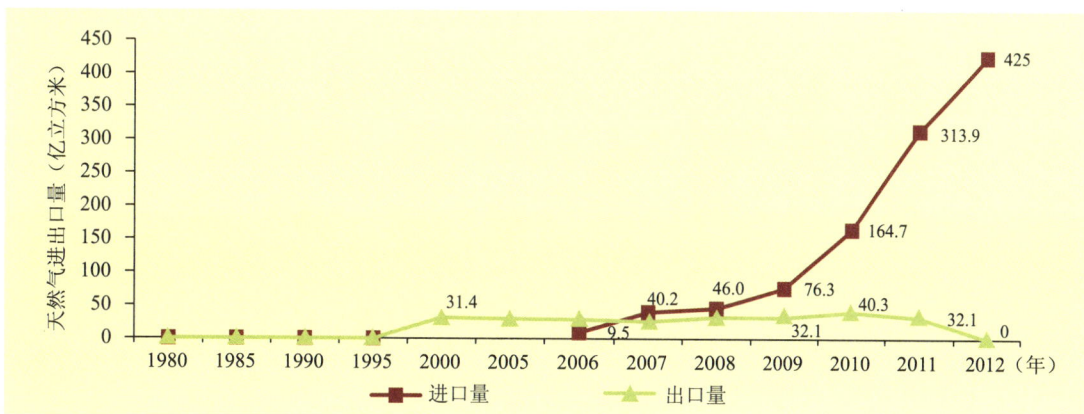

数据来源：2011、2012 年数据来自国家发改委，其他数据来自《中国能源统计年鉴 2011》。

中国从 2006 年开始进口天然气，此后进口量持续攀升，而供需不平衡使得中国对天然气出口比较谨慎，一直维持在相对较低水平。2007 年中国的天然气进口量首次超过出口量，中国成为天然气净进口国。近几年，中国天然气净进口量不断扩大，对外依存度不断提高。2012 年，中国天然气对外依存度达到 28.9%。

《天然气发展"十二五"规划》强调要高度关注供气安全问题，并预计 2015 年天然气对外依存度会达到 35%。而且，随着天然气消费量的增加，2020 年中国天然气对外依存度有望达到 50%。

2006~2012年中国液化天然气进口量

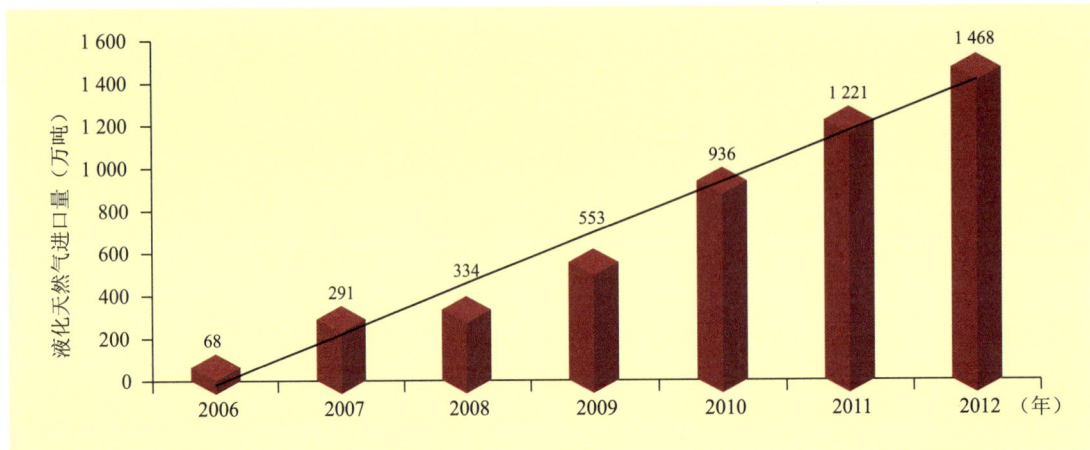

数据来源：中国海关总署。

中国液化天然气（LNG）接收站逐渐增多，液化天然气进口量和贮运能力显著增强。根据海关统计数据，2005 年，中国液化天然气进口量只有 483 吨，但 2006 年以后液化天然气进口量不断攀升，2012 年是 2006 年的 22 倍，年均增长 67%。预计"十二五"期间，中国将建成进口液化天然气接收站 17 座，接收能力达到 6 500 万吨 / 年左右。

2012年中国液化天然气进口主要来源国家

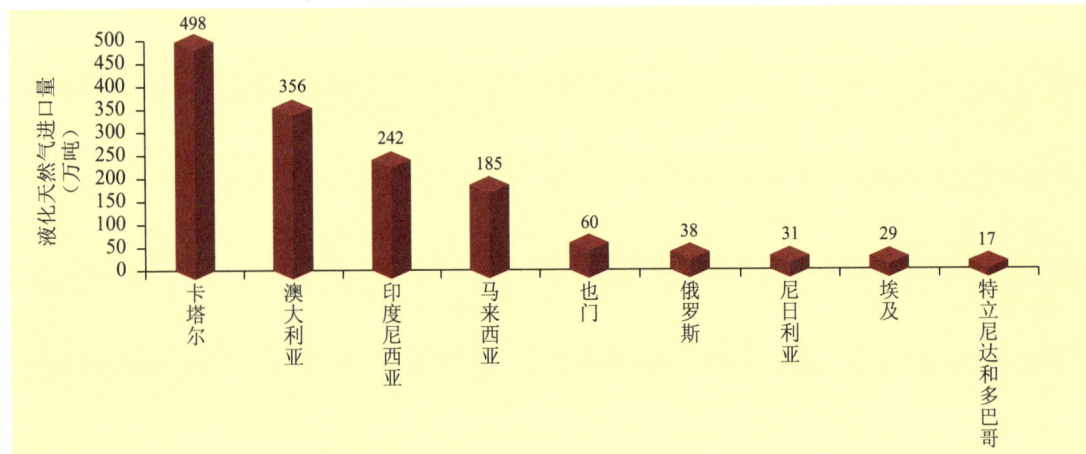

数据来源：中国海关总署。

从 2012 年中国液化天然气进口来源看，中国液化天然气进口主要来自卡塔尔、澳大利亚、印度尼西亚和马来西亚，来自这四国的液化天然气进口量占中国液化天然气进口总量的 87%。

中国的能源进出口呈现何种区域分布特征？

2010年中国的煤炭进口地区

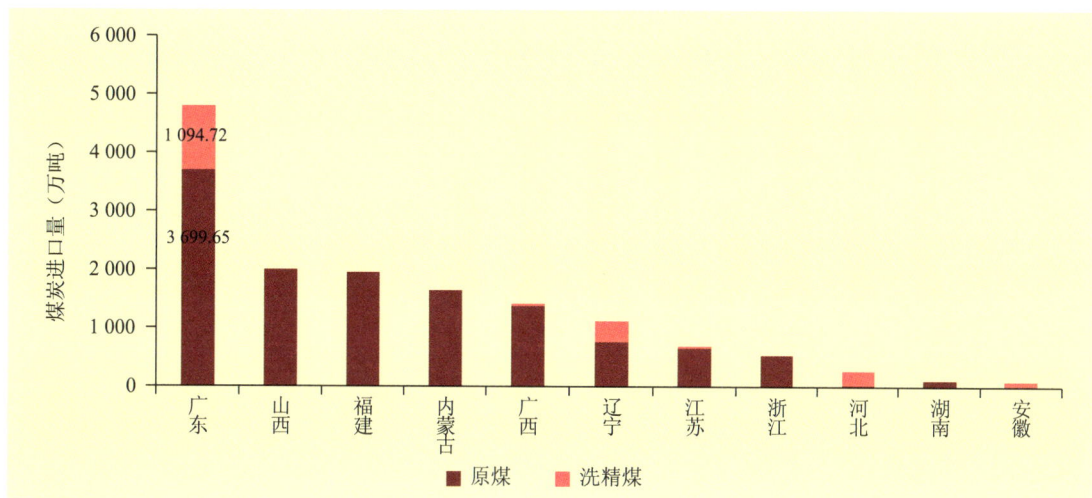

数据来源：《中国能源统计年鉴 2011》。

中国各地区煤炭进口情况差异较大。广东、山西、福建、内蒙古、广西是中国五大煤炭进口地区，2010 年，其煤炭进口量占全国进口总量的 88%；其中，广东的进口量远大于其他地区。此外，从进口煤炭品种来看，主要是进口原煤。

2010年中国的煤炭出口地区

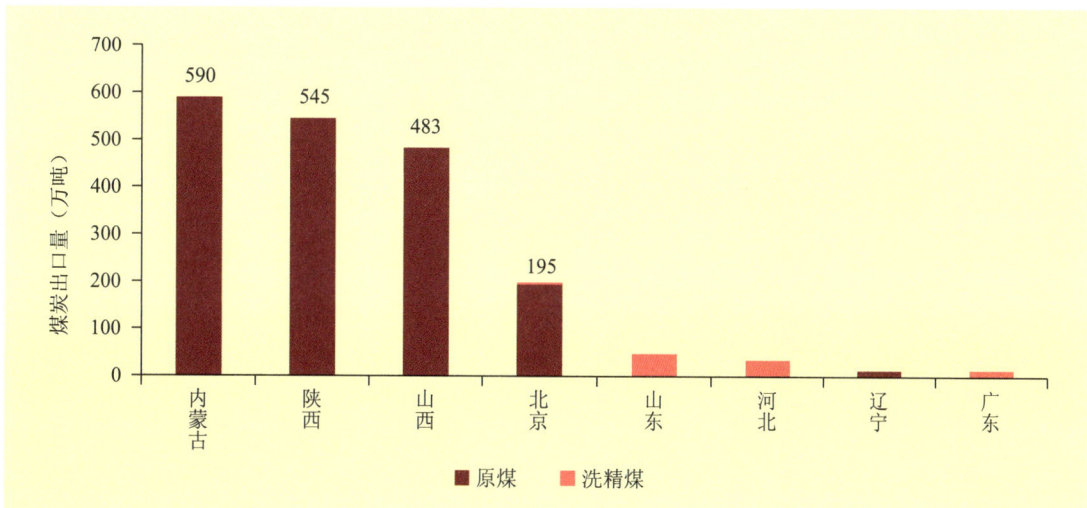

数据来源：《中国能源统计年鉴 2011》。

第六章

内蒙古、陕西、山西是中国的三大煤炭出口地区。2010年，它们的煤炭出口量占全国出口总量的83%，以出口原煤为主。

2010年中国各类油品进口地区

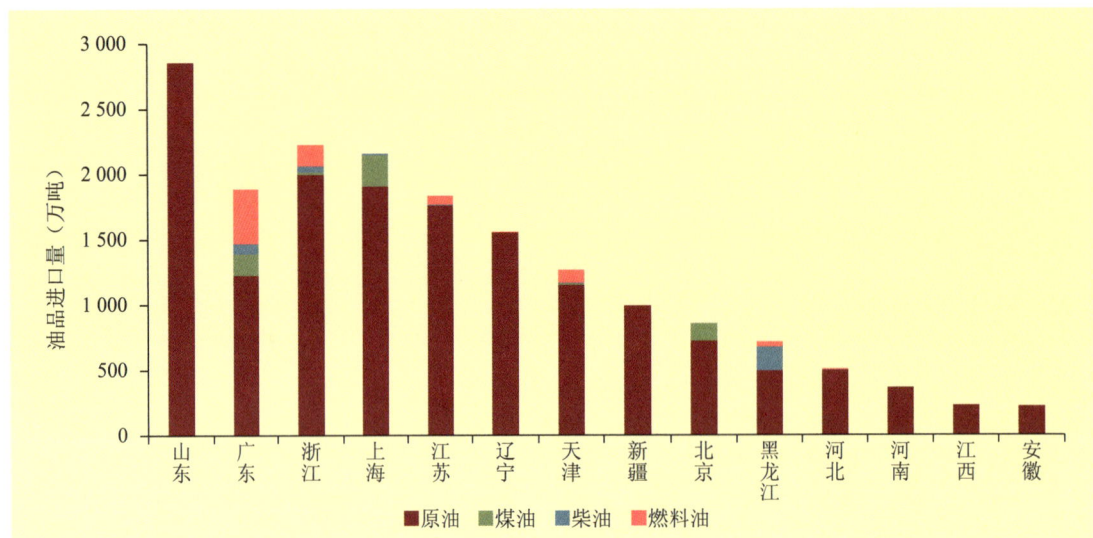

数据来源：《中国能源统计年鉴2011》。

油品是中国各类进口能源中的主要品种，主要包括原油、汽油、煤油、柴油、燃料油及多种其他品种。其中原油是主要的进口种类，其他种类的油品所占份额远小于原油。山东、广东、浙江、上海、江苏、辽宁、天津是中国七大油品进口地区，2010年，它们的油品进口量占全国进口总量的79%。

2010年中国各类油品出口地区

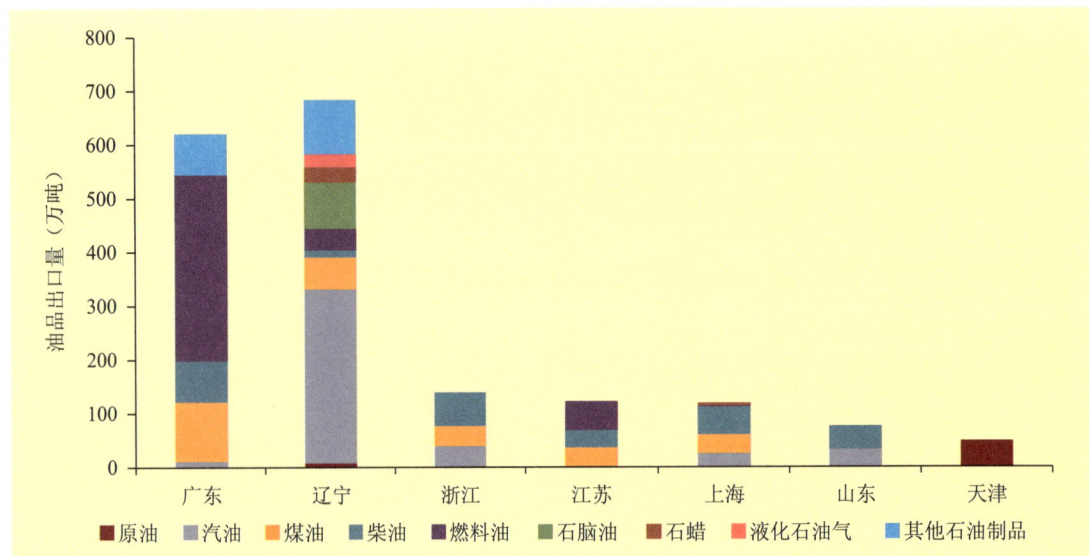

数据来源：《中国能源统计年鉴2011》。

原油和汽油是主要的出口油品。广东和辽宁的油品出口量远高于其他地区，成为中国主要的油品出口地区；2010 年，它们的油品出口量占全国油品出口总量的 73%。

2010年中国部分能源品种的进口地区

地区	天然气（亿立方米）	液化天然气（万吨）	焦炭（万吨）	其他焦化产品（万吨）	其他能源（万吨标准煤）
福建	29.38	—	—	—	—
上海	16.3	—	—	—	—
广东	14.72	378.85	—	93.40	15.30
内蒙古	—	—	10.88	1.43	
河北	—	—	—	0.50	
辽宁	—	—	—	8.55	

数据来源：《中国能源统计年鉴 2011》。

除了进口大量煤炭和油品之外，中国也进口其他多种能源产品，如天然气、液化天然气、焦炭和其他焦化产品等；其中，福建、上海、广东是主要的天然气进口地区，广东是液化天然气的主要进口地区。

中国也出口部分天然气、焦炭和其他焦化产品，其中，广东是天然气和液化天然气出口的主要地区，山西、新疆、河北是焦炭出口的主要地区。

中国能源进出口贸易的主要合作国家有哪些？

中国能源进出口贸易由来已久，自 1863 年首次从美俄两国进口当时被称为"洋油"的煤油开始，中国长达 150 年能源贸易的历史拉开了序幕。

近代中国能源贸易的发展大事件

时间	大事件
1863~1963 年	受国内能源产能制约，石油消费主要依赖进口，能源贸易是单边的进口贸易
1963 年	大庆油田投产，国内石油消费得到了基本满足

续表

时间	大事件
1964~1972 年	国内石油产量增长迅速，但是西方国家对华贸易封锁，中国能源出口很有限
1972 年	美国尼克松总统访华，西方国家陆续解开对华的贸易封锁
1973~1990 年	中国大量出口煤炭、石油等资源，能源贸易由净进口转变为净出口
1993 年	经济持续快速增长对能源的需求不断上扬，中国再次成为成品油净进口国
1996 年	中国成为原油净进口国
2007 年	中国成为天然气净进口国
2009 年	中国成为煤炭净进口国，能源贸易再次转变为进口型贸易
2011 年	中国原油对外依存度超过 55%，石油安全问题凸显

2012年中国石油进口来源地区

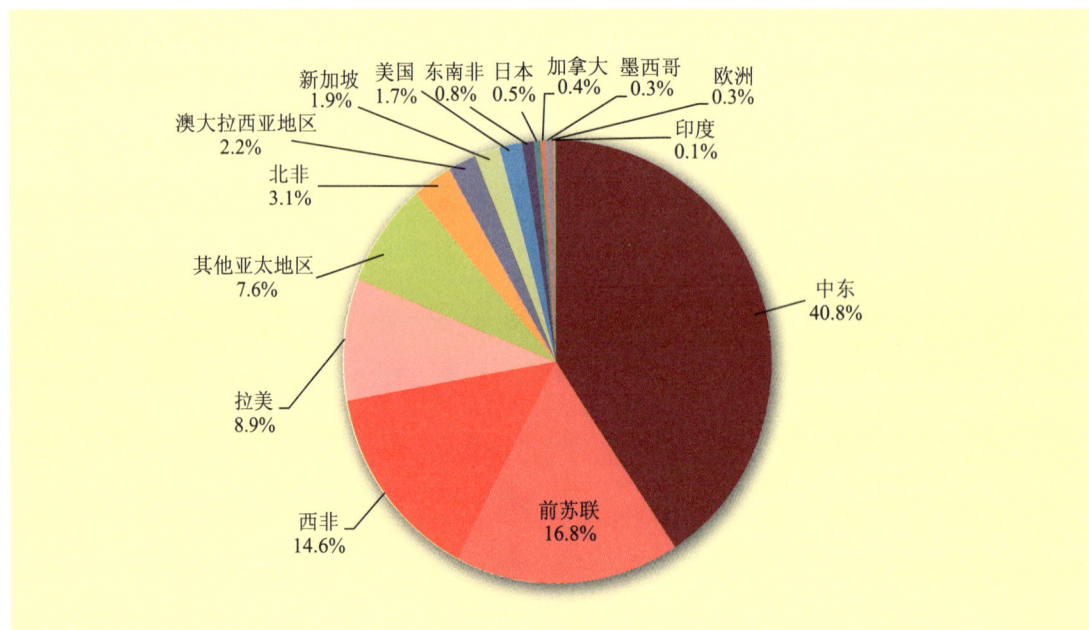

数据来源：《BP 世界能源统计年鉴 2013》。

作为世界第二大石油消费国和进口国，中国石油进口来源主要集中于中东、前苏联国家、西非国家。2012 年，来自三者的石油进口量合计占 72.1%。

2000年、2011年中国原油进口主要来源国对比

2000 年			2011 年		
国家	进口量（万吨）	比例（%）	国家	进口量（万吨）	比例（%）
阿曼苏丹国	1 566.1	22.3	沙特阿拉伯	5 027.8	19.8
安哥拉	863.7	12.3	安哥拉	3 115.0	12.3
伊朗	700.1	10.0	伊朗	2 775.7	10.9
沙特阿拉伯	573.0	8.2	俄罗斯	1 972.5	7.8
印度尼西亚	457.5	6.5	阿曼苏丹国	1 815.3	7.2
也门共和国	361.2	5.1	伊拉克	1 377.4	5.4
苏丹	331.4	4.7	苏丹	1 298.9	5.1
伊拉克	318.3	4.5	委内瑞拉	1 151.8	4.5
越南	315.9	4.5	哈萨克斯坦	1 121.1	4.4
卡塔尔	159.9	2.3	科威特	954.2	3.8

数据来源：《中国能源报告 2012：能源安全研究》。

中国油气进口的能源通道包括两种运输方式——海运与管道运输。受地域因素影响，中国石油进口的主要渠道是海上油轮运输。为缓解油气进口过度依靠海运，近些年中国开始把目光投向俄罗斯和中亚地区等周边国家。随着俄罗斯和中亚地区能源大开发的深入，中俄、中国-中亚能源合作也不断加强。2000 年中国原油进口的前十大来源国主要是中东、非洲和亚太地区的国家；到 2011 年，由于能源新通道的建成和投入使用，俄罗斯及中亚国家取代了印度尼西亚、越南等亚太地区国家，成为中国原油进口的重要来源地。

2010年中国煤炭进口来源国

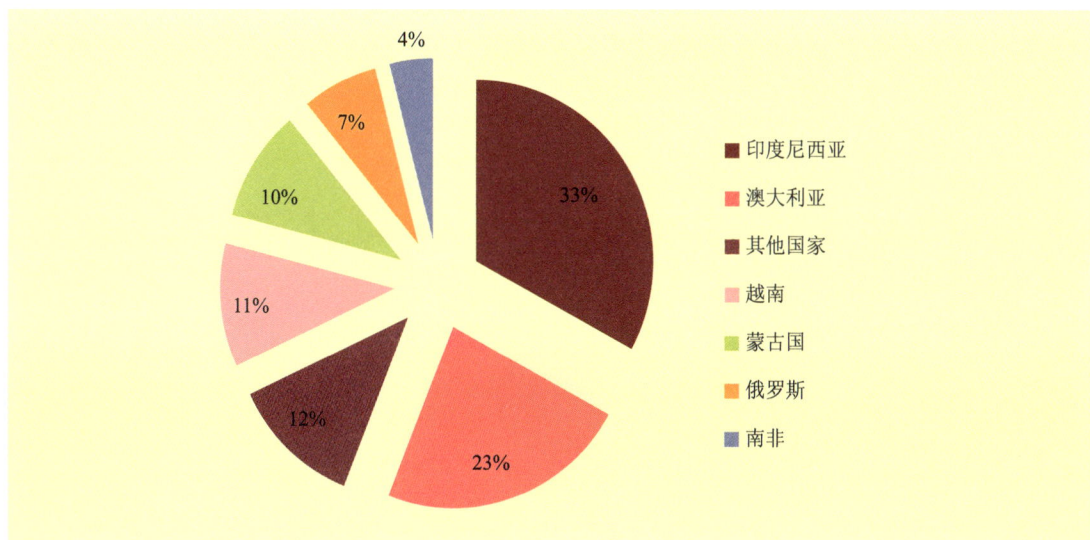

数据来源：《中国能源报告 2012：能源安全研究》。

第六章

中国煤炭进出口贸易都集中在周边国家和地区，进口主要来源于印度尼西亚、澳大利亚、蒙古国、俄罗斯等国，出口地主要是日本、韩国和中国台湾地区。随着中国煤炭进口量逐年增加，中国 2009 年成为煤炭净进口国，进口来源也日趋多元化。2010 年印度尼西亚取代澳大利亚成为中国最大的煤炭来源国，约占总进口量的 33%，其次是澳大利亚、蒙古、越南、俄罗斯和南非等国。

2012年中国液化天然气进口来源地区及其份额

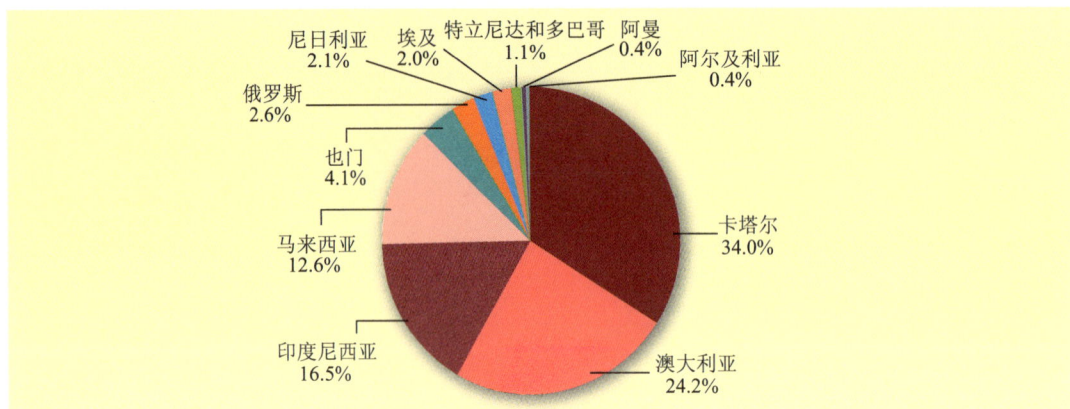

数据来源：《BP 世界能源统计年鉴 2013》。

近年来，中国的液化天然气进口量保持快速增长的态势。2012 年，中国液化天然气进口 200 亿立方米，比上年增长 20%，主要来自于卡塔尔、澳大利亚、印度尼西亚和马来西亚，来自该四国的液化天然气进口量占中国液化天然气进口总量的 87%。

中国的石油储备建设取得了哪些进展？发展目标如何？

中国从 2003 年开始酝酿石油储备工作，并于 2004 年正式规划建设国家石油战略储备基地，以应对石油供应一旦中断可能带来的安全风险。2006 年 8 月，来自俄罗斯的原油正式注入位于浙江的镇海石油储备库，中国告别了无石油战略储备的历史。

中国石油储备体系

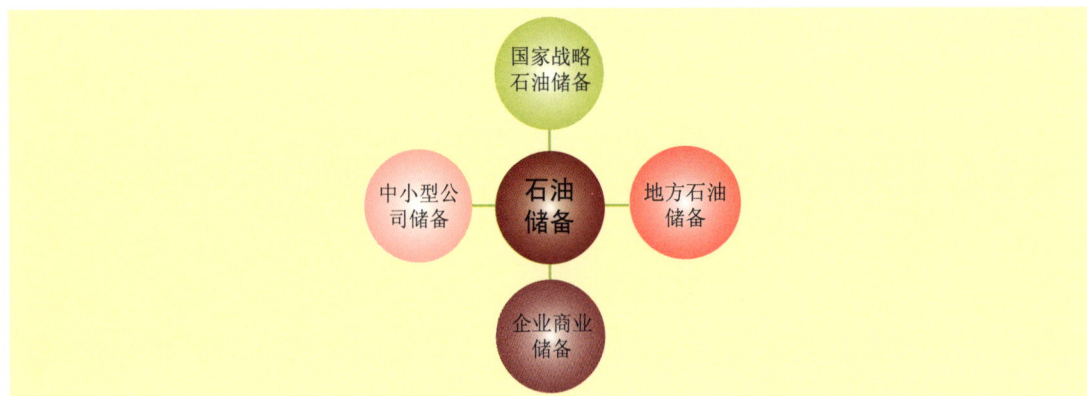

2007年12月中国国家石油储备中心正式成立，这标志着中国以国家战略石油储备、地方石油储备、企业商业储备和中小型公司石油储备为主体的石油储备体系化建设拉开帷幕。中国石油储备将主要来自进口。2008年5月29日，中国第一个国家石油储备基地——镇海国家石油储备基地通过国家验收，开始了中国的石油储备。

中国国家石油储备计划

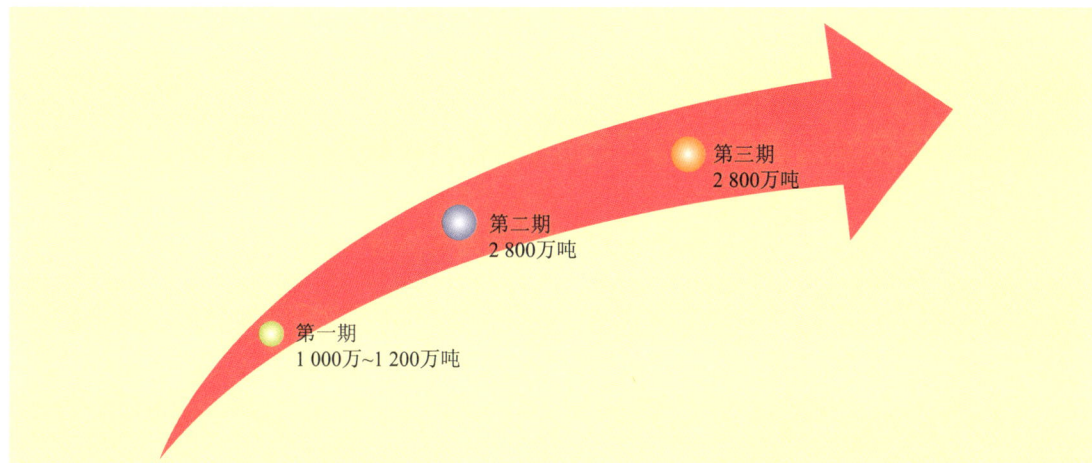

第三期
2 800万吨

第二期
2 800万吨

第一期
1 000万~1 200万吨

自2003年起，中国开始启动第一期国家战略石油储备计划，准备用15年分三期来完成战略石油储备基地的各项建设。国家石油储备中心总储备能力计划为6 800万吨（约5亿桶），预计总投资约1 000亿人民币。"十二五"期间，中国将建成国家石油储备基地二期工程，启动三期工程。

中国石油分布和战略石油储备基地分布

鄯善　锦州　新港　滨海　黄岛　兰州　金坛　舟山　镇海　湛江　惠州

● 投入使用　● 建设中

图片来源：《中国能源报告2012：能源安全研究》。

第一期石油战略储备基地建设的首期工程已于 2008 年在山东黄岛、浙江镇海、辽宁新港和浙江舟山全面完成，储备能力超过原计划储备量，总计达到 1 640 万立方米，约 1 400 万吨。四大储备基地都位于中国东部沿海地区，它们的建成投储可形成约 10 余天原油进口量的储备能力。加上中国石油系统 20 天进口量的商业储备能力，中国总的石油储备能力达到 30 天左右的原油进口量。

根据国务院批准的《国家石油储备中长期规划》，到 2020 年，中国将形成相当于 100 天石油净进口量的储备规模，达到国际能源署（IEA）规定的战略石油储备能力的"达标线"。

中国的煤炭储备建设取得了哪些进展？发展目标如何？

国家第一批应急煤炭储备基地

● 第一批国家煤炭应急储备基地（八个港口）

图片来源：《中国能源报告 2012：能源安全研究》。

2011 年 3 月，国务院公布了煤炭应急储备方案，第一批国家煤炭应急储备计划为 500 万吨。根据储备方案，中国神华集团等 10 家大型煤炭、电力企业和秦皇岛港、黄骅港、舟山港、广州港、武汉港、芜湖港、徐州港、珠海港 8 个港口企业，成为国家第一批应急煤炭储备点。其中，秦皇岛港作为世界最大的煤炭输出港和中国"北煤南运"、"西煤东运"大通道的主枢纽港，承担130万吨的储备量，在各大承储企业和储备点中占据了最大份额。

2011年6月，国家发改委与财政部联合下发《国家煤炭应急储备管理暂行办法》，这标志着中国正式开始建设煤炭应急储备基地，这也是中国首次提出建立煤炭应急储备基地。随后中国还将建设第二批、第三批等应急煤炭储备点，总体应急煤炭储备未来会达到2 000多万吨。

中国地方政府煤炭储备计划一览

地点	时间	内容
福建省	2003年	决定投资3 000万元购煤，建立煤炭应急储备制度
北京市	2006年	建起首批储备30万吨煤炭的煤炭应急储备库
湖北省	2007年	建立三大煤炭储备中心网。将在武汉兴建一个国家级煤炭储备基地，可储存电煤、焦煤等各类煤炭500万吨
山东省	2008年	在龙口建立近期目标为300万吨煤炭储备配送基地，并已计划在2015年前建成6~8座煤炭储备基地，煤炭应急储备规模达到600万吨以上
江苏省	2012年	将在沿海、沿江和沿大运河地区规划建设滨海、大丰、靖江、太仓、徐州、镇江6个煤炭中转储备基地，可形成1.6亿吨以上中转储备能力，其中沿海地区5 000万吨，沿江6 000万吨

一些地方政府也已经开始具有建立煤炭储备的意识，从保障本地区能源安全的角度出发，纷纷着手建立本地区的煤炭战略储备体系。

中国天然气储备的区域分布如何？发展目标如何？

不同天然气储备模式的差异

储备方式	优点	缺点
地下储气	容量大、储气压力高、成本低、受气候影响小、安全性高	受限于地质构造、盐穴及含水层等自然条件，而且建库周期较长
气田储备	储备量大、安全性高	受资源分布限制对处理设备与外输管网要求高、投资较高、气田生产不平稳、气田开发效率低
LNG储备	不受地质条件的限制、有限空间的天然气储备量大、动用周期短	投资大、能耗高、安全性差

受制于自身地理、供需等条件，不同国家形成了不同的天然气储备系统。天然气储备可以采取多种形式，主要有地下储气库、气田储备和LNG储备，不同储备模式各有优劣。

中国天然气储备库分布

● 已建成储气库　　● 国家油气储备库选址

图片来源：《中国能源报告 2012：能源安全研究》。

截至 2011 年底，中国已建成 4 个天然气储气库，分别为大港储气库群，京 58、京 51、永 22 储气库，苏南金坛储气库，苏北刘庄储气库。另外，2010 年 10 月，河南平顶山、辽河、大庆、长春、河南文留、鄂尔多斯、河北雁翎、江苏淮安、湖北潜江、湖北应城、云南安宁等 11 地被列入国家油气储备库选址。

中国天然气储备主要由企业负责，储气库由中石油、中石化两大石油巨头掌管。2012 年公布的《天然气发展"十二五"规划》要求有关方面研究制定储气调峰制度，明确供用气各方责任，逐步建立天然气商业储备，并积极研究天然气战略储备问题。如果按照 15% 的天然气安全储备比例，预计到"十二五"期末，中国天然气储备规模会达到 145 亿立方米，2020 年约为 215 亿立方米。